チェーンストアの計数管理

新・流通業のための数字に強くなる本

著
—
㈱日本リテイリングセンター

ダイヤモンド社

【新版刊行にあたって】

2020年―わたくしの師である渥美俊一が亡くなって今年でちょうど10年になります。そしてこの単行本は渥美俊一にとって最後の刊行となった本でした。

振り返ればこの10年間、オーバーストアは確実に進み競争が激化、多くの企業は生き残りに苦慮しています。さらに急速に進む高度なICTの進化は、企業の業務・作業システムの効率化に多大な貢献をした一方で、eコマースという新たな販売チャネルを生み出しました。そのため企業間の闘いは苛烈さを増し、大量閉店する企業が続出しています。

人口減少によるマーケットの縮小は深刻であり、加えて東日本大震災、長野、熊本、大阪、北海道などでの震災、西日本豪雨、2019年台風19号などの天変地異、直近では新型コロナウィルスによる経済活動の停滞など相次ぐ外的要因による被害が、企業の収益に甚大な影響を与えています。

しかしどのような状況であろうと、今後も事業を継続していかねばなりません。そのためには利益の確保が最優先課題で、21世紀に入ってから計数管理の重要性は高まる一方です。

かつてのような右肩上がりの売上高が見込めない現状下、これまでの「従業者全員売上高主義」から、スペシャリスト（特別な熟練者）が職位ごとに「異なる数値の責任を負う収益主義」への転換が不可欠です。つまり、計数管理はトップマネジメント（幹部）や経理部だけのスキルではなく、スペシャリストはもちろんのこと、将来のスペシャリスト候補全てが備えるべき技術です。

ICTが発達すれば、情報量だけは膨大に増え、あらゆる従業者が企業の売上高、粗利益高などの数字を瞬時に入手することが可能ですが、それらは原始データにすぎません。それを使いこなす＝数字を基に企業が今後進むべき方向を見出し、改善・改革をすることのできる人材を数多く育てることが事業の継続に欠かせないのです。

この単行本はそのための計数管理の原則をまとめたもので、10年経過した今も変わらず役立つ内容です。しかし採用した実例は既に過去のものとなり、実態にそぐわない例も出てきています。

また、元々本書は、「Chain Store Age」誌の2008年11月15日号から2010年7月15日号にわたって連載された「流通マンのための数字に強くなるセミナー」を編集したもので、書籍化においては内容に重複と不足がありました。

そこで今回そうした問題点を解決したうえで新たに新版を刊行することといたしました。著者が亡くなっているため、当社日本リテイリングセンター著に代わっておりますが、その根幹に変わりはありません。

ペガサスセミナー（チェーンストア経営システムを研究する"ペガサスクラブ"の勉強会）を受けたことがない方でも、「数字に強くなれる」ように分かりやすく、業界用語についても随時解説して、チェーンストア経営の原則も同時に学びながら自己育成できるようにしています。もちろんペガサスセミナー受講者の予習、復習にも便利に使っていただけると確信しています。

2020年3月

日本リテイリングセンター
アナリスト　梅村美由起

はじめに

　この本は、流通業界の経営者や幹部、さらに幹部候補生が経営知識として習得しておかなければならない会社の経営指標（効率数値）と、それを算出する計算公式と改善策をできるだけ分かりやすく解説したものである。

　会社の数字といって、誰もがすぐに思い浮かべるのは決算書であろう。財務諸表、すなわち貸借対照表と損益計算書、そしてキャッシュ・フロー計算書が代表である。この3表を読みこなすことができなければ経営に携わる資格はないなどとよく言われる。

　なるほど、そのとおりではあるが、それだけで企業経営ができるわけではない。そもそも決算書は、基本的に株主や取引銀行など社外の利害関係者に向けて作られており、分かりやすく言えば、会社の資産や負債の状況、そして営業実績を期末時点で「輪切り」にして見せたようなものだ。大きな会社だろうが、小さな会社だろうが、会計の制度、ルールに沿って事務処理を行なって作成した報告書である。

　したがって、決算書に出てくる数字をいくらそのまま読みとることができるようになったとしても、そこから企業が今後進むべき方向を見出すことは困難である。決算書の数字は、経営指標を出す計算公式で使用する基礎的なデータの一部と考えたほうがいいだろう。

　この本で取り上げる数字は、経営計画のバックボーンとなる計数管理のための数値だ。計数管理とは、企業の経営活動を計量的にとらえ、その数字を利用することによって、マネジメントすることである。マネジメントするとは、目標となる数字と状態を設定して、それを達成するために組織を使ってあらゆる経営の努力をすることである。決算書の数値は、その努力の結果を示すものでしかない。

　この本の具体的な活用法を簡単に述べると、次のようになる。

①わが社のデータを経営効率計算公式（152〜153ページ）に当てはめて、現状を示す「わが社の効率数値」を算出する
②計算公式とともに掲載した「あるべき数値（評価基準）」と①の「わが社の効率数値」を比較する
③できれば、効率数値は店ごと部門ごとに算出して、「あるべき数値」と比較し、さらに店間格差も検討する
④それによって、わが社の問題点を的確に把握（観察）し、その原因を探

り（分析）、収益確保のための改善策をたてる（判断）
⑤最も成績の悪い店または部門から、収益確保のための改善策を実行（実験）してみる
⑥うまくいったら（調査）、実験を次第に拡大していく
⑦全店で実験する
⑧制度化し、全店へ教育を普及する

　この①～⑧を習慣のように繰り返した企業だけが、厳しさを増す経済環境を乗り越えて生き残ることができると言えよう。

　数字は正直だ。嘘をつかない。「多い」「少ない」とか、「良い」「悪い」といった漠然とした表現ではなく、どのくらい多いのか少ないのか、どの程度良いのか悪いのかという評価が数値の大小によって示される。他社と比べてはどうなのか、社内のどの部門が効率よく利益を生んでいるのか……そのような比較が、誰もが共通して理解できる指標となって表れる。その場しのぎの言い訳や、日本企業にありがちな社内のあいまいな人間関係といった経営を阻害する要因が入り込む余地はない。もちろん効率性ばかりを追求すると、人間性のない冷たい職場、機械的でヤル気が出ない、と非難が起こる。やり方も問題であるが、実は数字で示すことによってこれまで不透明だったことが明確になり、かえって公正な職場づくりをすることができることに注目してほしい。

　つまり経営指標計算公式によって算出された数値は、ときには企業に冷徹な事実を突き付けることもあるが、活用の仕方ひとつで将来への道を切り開いてくれる。何が低収益の原因なのか、それを克服するためには、どこをどのように改善して、組織をどう改革していけばいいのか、という課題を正確に知ることができる。さらには数値の大小が改善、改革の優先順位をも教えてくれる。

　私どもはほぼ半世紀にわたって流通業界に関わってきた。多くのビッグストア（年商50億以上の小売業）を育て、チェーンストアを志向する小売業、飲食業を指導してきた。その経験と長年の欧米チェーンストア研究から導き出された経営の大原則が、「あるべき数値」の数々である。

　この数値を目標とし、少しでも早く、その数値に近づくよう経営努力を続けることが成功の決め手と言える。

　流通業界に携わる多くの人々が、この本によって本当の意味で数字に強くなり、流通業界をさらに大きく育ててくれることを心から願っている。

2010年6月

渥美俊一

目次

新版刊行にあたって　3
はじめに　4
目次　6

序章　計数管理が企業の将来を決める　13

現場の数字を知らない幹部は失格　14
正確な情報が社内で公開されていることが大前提　16
まずは資金繰り表作りから始める　18

第1章　収益性を上げるためにまず注目すべき経営指標　19

1　経営の優劣は総資本経常利益率（ROA）で分かる　20

【図表1−①】主要経営効率の計算公式とあるべき数値

ROAの目標は10％を超えること　20

上場企業の実態は8割が不合格　22

【図表1−②】上場流通企業　ROAと経常利益率の分布
【図表1−③】ROAが20％を超えた最優秀企業5社

低いROAの原因を見つける　24

【図表1−④】上場流通企業のフォーマット別平均収益性
【図表1−⑤】ROAが15％を超えた最優秀企業14社

ROAを向上させる手法　27

売上を伸ばす前に○○削減策を優先する　29

【図表1−⑥】日米比較—売上高と営業利益高との関係

経常利益率の考え方　31

【図表1−⑦】上場流通企業のフォーマット別自己資本当期純利益率

2 総資本回転率が示す過剰な投資　33
　　低い投資額で高い売上高を計上すべし　33
　　　　【図表1-⑧】上場流通企業　総資本回転率の分布
　　　　【図表1-⑨】ROIを15％確保する試算
　　エキナカ、エキビル出店で企業の未来は収縮型になる　35
　　不動産の一部は所有すべし　37
　　新店の赤字は1年間が許容期間　38

3 営業利益率を改善できる企業には営業経費をコントロールする能力がある　40
　　　　【図表1-⑩】主要経営効率の計算公式とあるべき数値
　　こんなに違う日米の収益性　40
　　　　【図表1-⑪】米国の主要な上場小売業の経営効率
　　　　【図表1-⑫】日本の主要な上場小売業の経営効率
　　経費率の低い店舗から業務・作業システムを学ぶ　44

4 現場は営業利益率よりも1坪当たりの営業利益高　46
　　現場には具体的な数値を目標として示す　46
　　コスト・コントロールができている企業に学ぶ　48
　　　　【図表1-⑬】主な上場流通企業の坪当たり収益高
　　中堅幹部がスラスラと言えなければならない数字　52

第**2**章　**分配率はコスト・コントロールの要**　53

1 利潤分配率はすべての企業の寿命を教えてくれる　54
　　　　【図表2-①】主要経営効率の計算公式とあるべき数値
　　経費分配率はどんな企業でも80％以内に抑える　54
　　コスト・コントロール力が営業利益率を左右している　57
　　　　【図表2-②】上場流通企業の総売上高比収益率
　　　　【図表2-③】上場流通企業　利潤分配率の分布
　　　　【図表2-④】上場流通企業のフォーマット別利潤分配率

2 最も比重が高い労働分配率はコントロールもむずかしい　62
　　労働分配率が42％を超えると危険域　62
　　　　【図表2-⑤】上場流通企業のフォーマット別労働分配率
　　店舗ごとの労働分配率は34％を目標とする　65

【図表2-⑥】上場流通企業の企業別労働分配率

3 不動産費分配率が高いと閉店まで苦労する　**68**
倒産は不動産費分配率が1年で急上昇した時にやって来る　**68**
　【図表2-⑦】上場流通企業の不動産費分配率と総資本回転率
総資本回転率と併せて検討すると不動産投資の優劣がわかる　**73**
　【図表2-⑧】上場流通企業　不動産分配率と総資本回転率の分布

4 不況のときは販促分配率を見直す　**75**
販促分配率が6%を超えている企業は実際の効果を考え直す　**75**
　【図表2-⑨】上場流通企業のフォーマット別販促分配率の平均値の変化
　【図表2-⑩】上場流通企業　販促分配率の分布
　【図表2-⑪】上場流通企業のうち販促分配率10%以上の企業
流行している販促作戦の問題点　**78**

第**3**章　**作業効率の指標から収益を拡大する**　**81**

1 労働生産性を正しく算出できないと作業効率は改善しない　**82**
　【図表3-①】主要経営効率の計算公式とあるべき数値
正しい"従業者数"を算出する　**82**
労働生産性800万円以下の企業は改善努力をしていない　**84**
　【図表3-②】分配率管理に基づく労働生産性の試算
　【図表3-③】上場流通企業のフォーマット別労働生産性の年次変化
労働生産性を高めるための効果的な対策は1人当たり面積の拡大　**86**
現場では労働生産性より人時生産性　**88**
　【図表3-④】分配率管理に基づく人時生産性の試算

2 生産性向上の鍵は標準化　**90**
店の適正規模が生産性を左右する　**90**
　【図表3-⑤】フォーマット別品揃え上の適正規模の日米比較
　【図表3-⑥】ビッグストアのフォーマット・業種別1店あたり面積
意外なテーゼ「販売効率を一定に保つ」　**93**
作業効率の改善で1人あたり面積の拡大を　**94**
　【図表3-⑦】フォーマット別の従業員1人あたり面積の年次変化
　【図表3-⑧】上場流通企業1人あたり面積が多い企業

第4章　店舗現場の数値を点検して収益力を上げる　97

1　売場販売効率と商品回転率の常識と非常識　98
【図表4-①】主要経営効率の計算公式とあるべき数値
売場販売効率と商品回転率についての思い込み　98
【図表4-②】ビッグストア　フォーマット別売上高と面積の変化
売場販売効率と商品回転率から分かる日米の違い　100
【図表4-③】商品関連収益性　日米比較（食品）
食品とは異なる傾向を見せる非食品の商品回転率　102
【図表4-④】商品関連収益性　日米比較（非食品）

2　商品管理の原則からの逸脱をただせば数値は変わる　104
坪当たり在庫高は自社で最良モデルを見つける　104
【図表4-⑤】上場流通企業の商品回転率と在庫高
死に筋商品を定義する　106
死に筋の判定は現場で行い、慎重にカットする　107
ユニット・コントロールがもたらす商品関係数値の向上　108
新商品開発より前に商品管理の基本に戻れ　109

3　損益分岐点売上高比率でコスト・コントロール　110
経営計画に欠かせない損益分岐点売上高　110
【図表4-⑥】損益分岐点グラフ
【図表4-⑦】主要経営効率の計算公式とあるべき数値
損益分岐点売上高比率の合格点は70%　112
【図表4-⑧】上場流通企業　損益分岐点売上高比率の分布

第5章　財務体質を示す数値で企業の未来を知る　113

1　自己資本構成比率で倒産危険度がわかる　114
【図表5-①】主要経営効率の計算公式とあるべき数値
損益計算と資金繰りはまったく別のもの　114
【図表5-②】貸借対照表の貸方＝負債および資本の部内訳例
自己資本構成比率の実態　116
【図表5-③】上場流通企業のフォーマット別資金状況

資金繰り表を作成して管理する 117

【図表5−④】月次資金繰り表の例

2　資金繰りの要諦は回転差資金にあり 118

【図表5−⑤】主要経営効率の計算公式とあるべき数値

調達コストが唯一ゼロの資金源を利用しない手はない 118

【図表5−⑥】回転差資金のしくみ

【図表5−⑦】上場流通企業のフォーマット別販売効率と回転差資金

クレジット売上を抑えると回転差資金が増える 121

商品開発が進めば回転差資金はマイナスになる 122

【図表5−⑧】上場流通企業の回転差資金

3　未来を占うインタレスト・カバレッジ 126

インタレスト・カバレッジは支払能力を示す指標 126

【図表5−⑨】上場流通企業　インタレスト・カバレッジの分布

高すぎるインタレスト・カバレッジは未来投資遅延の疑いあり 128

第**6**章　**組織開発の現状を数字で点検して将来に備える** 129

1　低賃金が人材不足を招いている 130

【図表6−①】主要経営効率の計算公式とあるべき数値

人材が集まるはずがないレベルの低賃金 130

【図表6−②】上場流通企業のフォーマット別労働生産性と賃金と年齢

【図表6−③】一般労働者（短時間労働者以外）の産業計・男女計平均賃金（月額）、年齢、勤続年数

【図表6−④】一般労働者（短時間労働者以外）の産業別・性別平均賃金、年齢、勤続年数

【図表6−⑤】一般労働者（短時間労働者以外）の産業別・雇用形態別平均賃金

【図表6−⑥】短時間労働者の産業別・性別1時間当たり賃金、前年増減率

【図表6−⑦】産業別・雇用形態構成比

管理職の労働条件を点検せよ 134

【図表6−⑧】管理職・役職手当の実態

【図表6−⑨】東京都内中小企業の役付手当の支給金額

2 社員平均年齢が40歳以上では新陳代謝が悪い　**136**

平均年齢が高すぎると経営課題に取り組めない　**136**

人事構成は5項目の実態調査をして検討する　**138**

【図表6−⑩】男女別年齢グループ別人員構成グラフ

【図表6−⑪】階層別年齢構成表

第**7**章　**収益モデルを正しく構築した企業だけが生き残る**　141

収益モデルの構築が急務　**142**

不振店対策の第1歩は赤字店の閉鎖　**143**

黒字額を増やすより赤字部門をなくす　**144**

【図表7−①】現場の総作業量削減の実行原則

プロトタイプを確立し、一挙に多店化する　**146**

計数管理の手順を守れ　**148**

【図表7−②】計数管理の再出発点
（損益発生の因果関係を発見することが先決）

【図表7−③】計数管理の手順

【図表7−④】観察・分析・判断レポートづくりのコツ

【図表7−⑤】経営効率数値をあるべき方向に増減させる職位例

資　料

【資料①】主要経営効率計算公式　**152**

【資料②】主要経営効率のあるべき数値　**154**

【資料③】分配率の原則　**155**

【資料④】索引　**156**

【資料⑤】略語集　**158**

本書の本文および図表の数値は、特に出典を明示していない場合、2019年7月4日発表までの最新有価証券報告書ならびに決算資料から、日本リテイリングセンター（JRC）が計算したものです。

計数管理が
企業の将来を決める

現場の数字を知らない幹部は失格

　流通業に限らず、数字に強いと言われる経理部門や技術畑の出身者がトップの椅子に就くことは比較的少ないようだ。いわゆる文科系出身者で、営業畑で頭角を現し、実績を重ねて幹部への道を歩んできたというケースがほとんどであろう。

　文科系出身の人が幹部への道を意識し始めると、やはり会社の数字にも強くならなければと思い、まずは決算書を読めるようになることを目指す。近ごろは、経済情勢が厳しい中で、取引先の決算書を見て今後の対応を考えなければならないこともあるためか、比較的若い世代の人たちも「決算書が読めるようになる本」といった類の入門書を手にすることが多い。中には、わが社の状況を把握して、自分の将来を考えようと勉強している人もいるようである。

　商学部出身で学生時代に簿記の勉強をした人なら、決算書を読むのもさほど苦にならないだろう。基本ができているので、専門用語が出てきても大体は理解することができる。

　ところが、法学部や経済学部の出身者が決算書を読めるようになるには時間がかかる。経済学部は文字通り経済を勉強するのだが、マクロ経済を学ぶことがほとんどなので、簿記のような実務はまったくの素人である。

　決算書の中でいちばん分かりやすいのは損益計算書だ。表に書いてある売上高から費用、収益などを順番に減算、加算することで構成されていて、使われている用語の意味も分かりやすい。

　だが、貸借対照表となると、勘定科目と呼ばれる用語の定義、それぞれへの仕訳といった簿記の知識がかなり必要となり、なかなか面倒である。多くの人は貸借対照表の段階で会社の数字に苦手意識が芽生え、まあなんとか概要はつかめたというくらいで済ませてしまうことが多いのではないだろうか。

　キャッシュ・フロー計算書となると、経理担当部署にでも配属されない限り、ほとんどの人はそれほど勉強しないというのが実情だろう。

　このあたりの経験が頭にすり込まれるのか、会社の数字はすべて経理に任せる幹部が多くなる。経理の担当者は、日常の業務に関する金銭の出納や帳簿の作成を行い、その結果を決算書にまとめたり、税務に関する資料を作成したりする。そのため、会社の数字は経理部門がすべて把握していると、多くの人が思い込んでいる。しかし、それはとんでもないことだ。

決算書を作るのは経理担当の仕事かもしれないが、経営の根幹となる計数管理は全幹部が身に付けなければならない必須技術であることが、まだまだ日本の流通企業では理解されていないようである。

　実際、決算書の読み方をサラリと勉強して、理解したと思い込んでいる幹部は多い。毎年の決算書を眺め、おおよその数字を頭に叩き込んで数字に強くなったつもりでいる。あたかも会社の実態は大体把握しているような顔をするのである。

　会社の数字を訊ねれば、決算書に記載されている売上高や営業利益、経常利益などはすぐに答えられるのだが、さらに一歩踏み込んで売場面積、パートタイマーも含めた従業者数といった現場の数字を訊ねると、途端に口ごもる人がじつに多い。会社全体をひとまとめにした決算書の数字は言えても、経営に関わるものとして本来知っておかなければならない基本的な数字となると資料を見ないと答えることができなかったり、担当者に訊かないと分からなかったりする幹部がたくさんいる。

　言うまでもなく、流通業で経営効率を上げるためには、店舗ごと、部門ごとに改善や改革を進めていくことが求められる。すべての店舗や部門が同じような効率で動いていることなどあり得ないからである。いくつもある店舗のどこが問題なのか、どの部門を改善すべきなのか、そのひとつひとつをつねに把握して、検討しなければ企業全体の経営効率を改善することはできない。

　そのためには、まず、現場の数字をつねに頭に叩き込んでおくことが大前提となる。店舗数が２桁、３桁を超えるようなチェーンストアこそそれが重要なのだ。

　経営を左右する数字をきちんと把握していないようでは企業のトップ、幹部とは言えない。失格の烙印を押されてもやむを得ないだろう。

チェーンストア：ひとつの資本で11店舗以上を直営する小売業とフードサービス業とサービス業の経営制度。経済民主主義実現を目的に、マス・マーチャンダイジング・システムづくりを手段とする経営システム。
経済民主主義：チェーンストア経営によって実現される国民の消費生活のあるべき状態。一部の特権階級しか享受できないような豊かな消費生活を、大多数の国民が毎日楽しめるような経済の仕組みづくりに努力すること。

正確な情報が社内で公開されていることが大前提

　経営のトップや幹部の大きな仕事はマネジメントである。

　経営用語のマネジメントとは①数字と状態の目標を達成するために、②命令を変更し、③教育を追加することで、④作業内容を変え、⑤良い習慣を付けることである。

　目標は多くの場合、経営指標の「効率数値」で示される。したがってマネジメントは、「数字を計画したとおりに変化または安定させられる技術、そして機会損失を最小にする技術」と言い換えることもできる。

　経営指標はいくつもあるが、すべて加減乗除、すなわち足し算、引き算、掛け算、割り算で求めることができる。しかし、簡単に求められるからといって、計算をするだけで満足していてはいけない。大事なのは、わが社の現状の数値と、本来あるべき数値目標を比較して、改善と改革のための判断を下し、実行に移すことだ。

　経営指標を活用するためには次の二点が不可欠の前提となる。

　①数値を求めるための情報が社内で公開されていること

　②その情報が正確であること

　いずれも当然のことなのだが、この二点が意外にできていないのである。

　経営指標を求める際に必要となる情報は、各部門や各店舗にもたくさん存在している。こうした数字が一部の者にしか公開されていない企業が多い。社内のセクショナリズムなのか、そもそも経営効率に対する認識がないのか、大事な情報が企業内で共有されていないのである。

　その一方で、せっかく社内で様々なデータを集計し、公開していながら、計数管理に関して根本的な知識が欠けているために、不必要な数表をいくつも作成しているケースもある。誰も使わないデータが長年の慣習で作成されていて、結局、経営効率改善には結びつかない仕事が現場で繰り返されているのだ。

　たとえば、会社発展のためにはとにかく売上高を伸ばすことだけが計数管理の最大目標と思い込み、連日、各店舗や各部門の１日、１週、ひと月ごとの売上高をじつに細かに集計している。そのデータの前年比や前月比を見て一喜一憂し、過去との比較で今後の方針が決まる。

　これこそ計数管理の知識がないために、さほど重要ではない余計な数表ばかりが作成され、いっこうに収益性を高めることができない典型と言えよう。

次に②であるが、数字を把握していても、その数字が正確ではないということもある。たとえば、企業の生産性を考える場合には、従業者１人当たりの（売場）面積（坪）の算出が有効だが、現場の責任者でさえ、一時的な従業者の頭数は知っていても、労働時間に関する定義、つまり１日ならば８時間、週ならば40時間換算でフルタイマー、パートタイマーの労働時間数を人数として正しく報告できる企業は少ないのだ。そもそもタイムカードで管理されている労働時間は実労働時間とは食い違っていることが多い。流通業はサービス残業が恒常化しているからだ。

　これでは、せっかく効率数値を算出しても、基となるデータが間違っているのだから、なんの指標にもならない。それどころか、誤った目標を設定してしまうことになってしまう。

　その結果、総合的な改善、改革が進まなくなり、売上高は増えているのに利益がいっこうに上がらないとか、従業者数や労働時間が増えて、みんな忙しく働いているのにいつまでたっても不振店から脱却できないといった悪循環に陥る。

　これらはすべて経営幹部が計算管理の重要性を理解していないことが原因である。

　企業の幹部が全員共通の課題としなければならないのは、収益性の確保だ。そのためには幹部一人ひとりが計数管理の知識を身に付けなければならない。

　正しい計数管理とは、経理部門や財務担当者の専門業務ではなく、経営に携わる全幹部が収益力を上げるために用いる技術である。この技術を企業発展のために活用しているかどうかで、経営努力、すなわち、トップはもちろん幹部の力量を知ることもできる。言い換えれば、有能な幹部がいるかどうかの指標にもなるわけで、流通企業の将来を決めるのは計数管理といっても過言ではない。

経営指標：経営の状態を分析するために使用する数値。
収益性：企業が資本を用いていかに効率よく稼いでいるかの能力。
労働時間の考え方：決算書や経営効率で従業者数を算出する際は、法定労働時間（労働基準法で定められている上限）に基づいて、１日８時間、週40時間を１人とする。

まずは資金繰り表づくりから始める

現実問題として、経営のトップがいちばん気にして、注意を払っているのは資金繰りだ。どんなに売上がよくても、仕入先、すなわちベンダーからの買い取り商品の代金を期日通りに支払うことができなければ、黒字倒産になってしまう。したがって、どんなに繁盛している店の経営者であっても、資金繰り対策がいつも頭の片隅から離れないものである。

企業が倒産しては元も子もないので、計数管理は、キャッシュ・フローを把握し、支払日に確実に現金の不足のないようにする資金繰り表の作成から始まる。その実務は、経理事務所でも税務事務所でも指導してくれるが、基本的には加算と減算の繰り返しなので、まずはトップ自身が資金繰り表の作り方や活用法を身に付けるべきである。

資金繰り表は、経常収支と経常外収支から成る。簡単に言えば、双方に収入と支出があり、その過不足を計算し、月末の資金残高を算出する。加減計算しかない単純な表と言える半面、まず売上予測、売上代金の回収条件、仕入代金の支払い条件といった現状を正確に把握しなければならない。当然のことながら、収入を低く予測し支払いに対しては余裕を持つことが基本だ。

私どもはビッグストアづくりの際、「資金繰り表を週単位で作成し、その推移を見続け、予測と異なる兆しが表れた場合は、すぐにトップにその情報を報告できる幹部を養成するように」と指導している。

週単位で資金繰り表を作成していれば、異変に対して打つべき手が限られているだけに、迅速な対応が可能となる。

経営に携わるトップや幹部は、変化する数値をつねに見て、次々と決断していなければならないのだ。

主要経営効率項目、その数値を求める計算公式、目標とすべき数値、許容範囲などは、各章で説明するときにも紹介するが、巻末の152〜155ページに一覧表を掲載しておいたのでご覧いただきたい。

各数値には適切な活用法と重要度がある。どんな企業であってもつねに重要視しなければならない効率数値もあれば、長期作戦を練るときにこそ大切な効率数値もある。それぞれの数値をどう読むかも正しく把握してほしい。

ビッグストア：年商50億円以上の小売業。チェーンストア経営システムを構築する準備段階。

収益性を上げるために
まず注目すべき経営指標

1

経営の優劣は総資本経常利益率（ROA）で分かる

図表1-❶主要経営効率の計算公式とあるべき数値

効率番号	効率項目(単位)	計算公式	あるべき数値
①	総資本経常利益率(%)	年経常利益÷資産合計×100	必ず10％超、株式公開企業15％、未上場18〜22％
②	総資本回転率(回)	年営業収益÷資産合計 営業収益=売上高+営業収入 営業収入=リース料収入、物流収入など	小売業2.5、FS業1.5回を突破すること
③	営業収益経常利益率(%)	年経常利益÷年営業収益×100	営業利益率を上回ること
④	営業収益営業利益率(%)	年営業利益÷年営業収益×100	粗利益率の20％
⑰	利潤分配率(%)	年経常利益(店段階は営業利益)÷ 年売上総利益×100	20％以上、15％を下回らないこと
㉖	損益分岐点売上高比率(%)	固定費÷{1-(変動費÷営業収益)} ÷営業収益×100	70％台、まず80％へ

ROAの目標は10%を超えること

　日本の流通企業の経営者の8割が不合格である。そんな厳しい現実を教えてくれるのが、ROA（return on assets）＝総資本（総資産）経常利益率だ。図表1-①にあるように年経常利益を資産合計で除して求めた数値（％）である。

　企業経営の優越を端的に表すのが資本の収益性、すなわちROAなのである。経営能力を評価するには最も代表的な経営効率と言うことができよう。

　また図表1-①には、ROA以外にも関係する経営効率を掲載した。

　企業経営が上手に行なわれているかを判断するには、「利益率」を計算してみればよく分かると言われる。ひと口に利益率と言っても、普通は三種類を指すことが多い。いま取り上げたROA、そしてROE（return on equity）＝自己資本当期純利益率、営業収益営業利益率、もしくは売上高営業利益率である。

　自己資本当期純利益率（ROE）は、当期純利益を純資産合計（自己資本）

で除して求めた数値（％）で、営業収益営業利益率（売上高営業利益率）は、営業利益を営業収益、または売上高で除して求めた数値（％）である。ROEは、主に株主対策用の数字で、ROAに比べるとマネジメントとしては、最重要視する必要がないと思われるので、あえて図表１ー①には載せていない。

　ところが、企業の経理部門担当者は、往々にして都合のいい数値のみを彼方此方から抽出して延々と役員会などで説明することが多い。聞かされたほうは、経理の担当者が言うのだから、なんとなく納得して、ある程度の収益力を確保しているのだろうと思い込んでしまう。数値の種類が多ければ、精密な経営状況の分析が行なわれていると考えるようだ。

　それはまったくの幻想である。極端な言い方をすれば、ROAの数値を見ただけで会社の経営がうまくいっているかどうかが分かるので、まずは何をおいても、その数値を役員会に報告すればよい。

　さらに、その数値がいかに大事であるかも企業幹部は理解すべきだ。

　そもそも計数管理は、企業の経営効率を改善するための強力な武器である。会社の数字を経理担当者や管理部長といった一部の部署の者だけに任せるのではなく、あらゆる部門の幹部が計数管理の知識を身に付けて、マネジメントする際のバックボーンにしなければならない。どの計数管理をどんなときに用いるのか。「武器」の使用方法を正しく理解する必要がある。余計な数値で経営状況が説明された場合には、「それは違う」という意思表示ができるようでなければ、幹部とは言えない。

　そのROAの最低ラインは10％である。まずは、これを超えることが目標となり、10％未満なら収益力がない企業という評価が下される。上場企業なら15％以上が目標数値だ。

　ROAは企業の収益力をいちばん明確に示すバロメータで、資本家や株主などステークホルダー（利害関係者）にとって最も単純明快な数値なのだ。

総資本経常利益率（ROA）：限りある資産を使って、いかに上手く事業活動を行なっているかを示し、成長の馬力を表す指標。経営管理力を評価するには最も重要な経営効率。欧米では、もっぱらROAは総資本純利益率を使用するので注意が必要。

上場企業の実態は8割が不合格

　ところが、図表1-②で現実を直視すると、残念なことに、不合格の烙印を押さざるを得ない企業が78.9%（×と××印）も存在している。

　現在、上場している主な流通企業273社（集計企業数257社）のうち、ROAの数値が10%に満たない企業は、赤字企業も含め203社にも上る。それらの企業の経営者は首を洗って株主総会に臨まなければならない。

　次に10%以上の合格54社を見てみよう。

　ROAが20%以上であれば、"最優秀"の経営者として高い評価を与えられるのだが、その称号に値する企業は5社しかない。15%以上の"優秀"という評価を与えられるのは14社。ROAがなんとか10%には達していて、一人前と言える企業数が35社。というわけで、経営者として合格と言える企業は、全体の約5分の1の21%なのである。

　これらROAの集計数値は、日本の上場流通業のマネジメント力がないことを示している。

　本来ならば、事業部門や商品大部門ごとに責任者が任命されていて、担当部門の収益について責任を持たなければならない。そういう組織体制づくりがなければ、収益性は向上しないのである。

　ところが、一流と言われる大手企業でさえ、トータルの数字でしかわが社の分析ができていない。つまりは本来のマネジメントは行なわれていないのだ。

　収益性が低い原因は、赤字店と赤字部門が放置されていることにある。店・部門単位またはカテゴリー単位で赤字を黒字に転換させる行動がとられていないだけだ。改善に向けた大手術を行なう意識、技術が不足しているのだ。

　したがってROAが10%未満の企業経営者、取締役、執行役員は怠慢とし

図表1-❷上場流通企業ROAと経常利益率の分布

		総資本経常利益率（ROA）					経常利益率		経常利益率が営業利益率より		
		◎ 20%以上	○ 15%以上	○ 10%以上	× 10%未満	×× 赤字	○ 黒字	× 赤字	○ プラス	同じ	× マイナス
集計企業数	総計			257			258		243		
	計	5	14	35	179	24	234	24	170	7	66
	構成比(%)	1.9	5.4	13.6	69.6	9.3	90.7	9.3	70.0	2.8	27.2
業種	小売業	2	7	20	122	14	152	14	109	6	34
	フードサービス	2	7	13	54	10	76	10	58	1	18
	サービス	1	0	2	3	0	6	0	3	0	3

か言いようがない。往々にして、彼らは業績不振の原因としてオーバースト
ア、ネット通販の台頭、景気の動向、行政の方針、国際情勢など外的要因を
あげつらうが、そんな言い訳は責任逃れにすぎない。このような傾向は、い
ま始まったことではなく、2000年代初頭から延々と続いているのだ。さら
に言えば、同じ経済情勢であっても、一方でROAが15％を超える優秀な企
業の経営者もいるではないか。

　10％未満の数字に甘んじている取締役、執行役員は社内の体制づくりや
改革を実行するにあたっての力不足を恥じなければならない。周囲の環境が、
ROA10％未満をもたらしているのではない。役員が自分の肩書にふさわし
い仕事をしていないのである。10％台を毎期達成することが取締役の任務
であるという使命を当然と考えるように、頭を切り替えるべきだ。

　企業として本当に収益力を持ちたいならば、ROAを基準とした取締役、
執行役員の評価を行なうべきである。10％未満の数値を出しながら、経営
に携わる人物の評価になんの影響も出ないようでは、収益力のある組織づく
りなどできるはずもない。

　取締役として利益配分による賞与をもらうのは、ROAが15％を超えて、
“優秀”という評価が与えられてからにすべきだ。もちろん20％を超え、
“最優秀”の域に達した場合は、その数値を達成したことに直接関与した人
に対して、“最優秀”としてふさわしい賞与を出す必要がある。

　そんな最優秀企業を図表1－③で、次にROAが15％超えた優秀企業を26
ページ図表1－⑤で紹介する。

図表1－❸ROAが20％を超えた最優秀企業5社

社名	業種	店舗数	総資本経常利益率(%)(ROA)	総資本回転率(回)	営業収益経常利益率(%)
ヨシックス	居酒屋	318店	22.5	○1.6	13.3
良品計画	雑貨	420店	20.9	1.6	○12.9
エイジス	棚卸しサービス	－	20.6	1.1	18.4
ジンズ	眼鏡	349店	20.6	1.6	12.7
ギフト(FC主力)	ラーメン	407店	20.9	○1.5	13.7

オーバーストア：地域の消費購買力に比較して店舗数が過剰な状態

低いROAの原因を見つける

ROAの数値は図表1－①の計算公式で分かるように、効率番号②総資本回転率と効率番号③営業収益経常利益率を掛け算したものと同じことになる。つまり総資本回転率と経常利益率の数値を同時に見ればどちらの数値が問題であるかが分かるわけだ。

図表1－④は、日本の上場流通企業のフォーマット別収益性を示す表である。先に述べたとおりROAの数値は大変低い。一部のフォーマットには良い効率を示す○印がついているが、いずれも集計社数が少ないフォーマットなので効率の良い1社だけの影響が強いと考えるべきだ。

総資本回転率のあるべき数値は小売業が2.5、フードサービス（FS）が1.5回転なので、日本型スーパーストア（日ス）の場合やや低いが、それよりも問題なのは経常利益率が2.7％と大幅に低いことだ。それは利潤分配率で容易に判断できる。利潤分配率は粗利益高に占める経常利益高の割合のことだ。あるべき数値は20％を超えることだが、日スは9.5％しかない。そのため、

図表1－❹ 上場流通企業のフォーマット別平均収益性

フォーマット（　）内は集計社数			総資本経常利益率(ROA)(%)	総資本回転率(回)	経常利益率(%)	利潤分配率(%)	損益分岐点売上高比率(%)
日本型スーパーストア(8)			4.9	1.7	2.7	✕ 9.5	86.6
食品主力総合(3)			2.3	2.0	1.1	✕ 4.9	✕ 95.0
スーパーマーケット(34)			5.3	○ 2.5	2.2	✕ 8.5	✕ 91.1
ドラッグストア(14)			9.0	2.0	4.4	16.9	81.8
ホームセンター(16)			4.8	✕ 1.2	4.3	13.1	86.7
バラエティストア(3)			○ 10.3	2.3	4.9	11.8	87.6
専門店	紳士服(6)		4.7	✕ 0.9	5.9	10.8	88.2
	衣料(17)		7.9	1.6	4.7	✕ 9.1	89.5
	呉服(3)		—	✕ 1.3	—	—	—
	靴(3)		6.6	✕ 1.0	8.4	15.5	83.8
	雑貨(4)		6.1	✕ 1.4	3.9	✕ 9.9	88.6
	眼鏡(4)		6.7	✕ 1.3	4.4	✕ 6.1	✕ 93.3
	宝飾(6)		6.5	✕ 0.8	7.4	12.7	86.1
	スポーツ(3)		3.1	✕ 1.4	2.2	✕ 5.9	✕ 93.6
	家電(11)		6.2	1.6	3.8	12.9	84.6
	書籍(3)		—	✕ 1.2	—	—	—
	家具(4)		○ 12.7	1.5	10.4	19.4	○ 78.9
	惣菜(3)		○ 10.5	1.9	5.4	✕ 9.0	—
リサイクル(5)			6.4	1.9	4.0	✕ 8.1	✕ 91.7
FS	テーブルサービス	カジュアル(15)	6.3	1.4	4.3	✕ 6.4	✕ 93.1
		ディナー(16)	7.2	○ 1.7	3.8	✕ 5.5	✕ 94.5
		焼肉(3)	7.5	1.2	5.7	✕ 8.9	✕ 91.0
	直営主力	回転寿司(5)	8.7	○ 1.9	4.7	✕ 8.6	✕ 91.3
		麺・丼(7)	7.4	○ 1.6	4.5	✕ 6.4	✕ 92.7
	居酒屋(17)		7.7	○ 1.7	4.4	✕ 7.3	✕ 93.1

利潤分配率に悪い経営効率を示す×印をつけた。

　また、スーパーマーケット（SM）の場合、総資本回転率は2.5回とあるべき数値を達成しているが、経常利益率があまりにも低いことが低収益の原因となっている。

　ホームセンター（HC）の場合は経常利益率よりも総資本回転率が1.2回転しかないことが問題である。同様に専門店の紳士服、呉服、靴、雑貨、眼鏡、宝飾、スポーツ、書籍も総資本回転率の方が低すぎる。

　特に紳士服は1回転に満たないのは投資の再検討をすべきである。

　FSはSMと同様に総資本回転率は良いが、経常利益率が低いことが足を引っ張っている。

　さらに、損益分岐点売上高比率の数値を見てみよう。この数値は、20ページの図表1−①の計算公式によって算出する。

　損益分岐点とは、損益がゼロとなるときの売上高である。言うまでもなく、この損益分岐点となる売上高を超えると、利益が出て、逆に下回ると、損失が出てしまう（詳細は110ページ）。

　固定費は、一定の期間にわたってかかる費用で、従業者の給与、手当、福利厚生費、水道光熱費、通信費、交通費、地代や家賃、さらには本部負担費なども含まれる。

　変動費は、売上高の増減とともに変化する費用で、売上原価、包装費、運送費などがある。

　この二つの費用を集計し、20ページの図表1−①の計算公式に入れてみて、損益分岐点売上高比率を算出する。この場合、数値が低ければ利益率が高く、高ければ残る利益は少なくなり、100％を超すと赤字である。

　あるべき数値は70％台であるが、現状が90％以上ならば、まずは80％台にすることが目標と言える。

　図表1−④でも分かるように損益分岐点売上高比率が70％台なのは、専門店の家具だけである。一方、非常に危険な状態と言われる90％を超えているのが、食品主力総合、SM、眼鏡、スポーツ、さらにはFSである。これらのフォーマットは経費の割合が高すぎるのである。

　アメリカでは損益分岐点売上高比率が90％を超えると、非常にリスクの高い企業とみなされるのが普通だ。株式市場からは敬遠され、金融機関からの融資はまず無理である。

図表1−❺ROAが15%を超えた優秀企業14社

註：HD＝ホールディングス
　　Re.＝レストラン

社名	業種	店舗数	総資本経常利益率(%)(ROA)
ゼットン	ディナーRe.	67店	18.7
ペッパーフードサービス(FC主力)	ステーキなど	557店	18.7
セリア	バラエティストア	1592店	18.3
ワークマン(FC主力)	作業品	837店	17.7
ニトリHD(連結)	家具	505店	17.6
TOKYO BASE	衣料	38店	16.4
あさくま	ディナーRe.	67店	16.0
ジョリーパスタ	カジュアルRe.	250店	16.0
アークランドサービスHD(連結)(FC主力)	かつ丼など	507店	15.9
串カツ田中HD(連結)	居酒屋	218店	15.8
エービーシー・マート	靴	987店	15.6
NEW ART HD(連結)	宝飾	97店	15.6
ユナイテッドアローズ	衣料	237店	15.3
ハイデイ日高	中華	429店	15.2

フォーマット：「業態」と混同されやすい用語。商品（メニュー）構成（品揃え）の特徴による店の分類。どの用途（TPOS）と来店頻度・商圏人口をねらった品揃えなのかと、価格帯の傾向で区別する。同じ業種（扱い品種）でも商品構成や価格帯が違えば、お客の来店目的も頻度も変わる。これまで主流の「業種」（扱う品種による分類）とは異なる、真に客が買物先を選ぶ際の判断材料となる、店の特徴のつかみ方。ただし日本では、同じ品種を扱う場合商品構成が似た店が多く、フォーマットの違いが見えにくい。それに対し、欧米では、新しいフォーマット開発に成功しない限り、大チェーンでも生き残れない。

日本型スーパーストア：日本独特のフォーマットで大型総合セルフサービス小売業の総称。扱い商品を大衆品に限り食品と服飾と雑貨とを3〜4割ずつ組み合わせる。これを日本で、GMS（→42ページ）と呼ぶのは厳密には間違いだ。

業態：営業形態。販売方法の特徴によって区別した店の分類方法。販売方法とは、商品以外の営業上の工夫のことで、①便利さ対策と②業務システムに分かれる。このうち便利さ対策は、客の人気をまず左右する条件であり、とりわけ重要。

TPOS（time, place, occasion, (life) style）：用途（使いみち）の種類。どんな時に、どんな所で、どんな動機で（本当は何をしたくて）、どんなライフスタイルかの区別。客の立場、使う立場で商品分類を見直すと、これまでの品種やメーカー別の区分は否定され、この概念が基本となる。もちろん用途・TPOSの種類によっては大衆的ではないもの、大衆的だが頻度が少ないものがある。あるいは、いまは大衆の日常・日用ではないが、価格破壊により用途が変化するものもある。チェーンストアのアソートメントでは、わが社のフォーマットにとってどの用途・TPOSに対応することが優先課題かを見極めなければならない。

セルフサービス：小売業では客が逐一店員に尋ねなくても、欲しいものを楽に見つけられる状態のこと。サービス業では自由に座席を選び、好みのものを選んで注文できる状態。ノーサービス、つまり店側の都合で接客などのサービスを省くことではない。むしろセルフサービスはベストサービスであり、重要な業態上の対策だ。

ホームセンター（日本型）：住居づくりと維持とに必要なハードグッズの部品と生活雑貨とを売るセルフサービス大型店で1980年代に出現した、日本独自のフォーマット。アメリカの（メガ）ホームセンターは生活雑貨を扱わない。

ROAを向上させる手法

　ROAが10％未満の企業はどうすればいいのか。その数値を向上させる手法を説明しよう。

　ROAは、効率番号②総資本回転率と効率番号③営業収益経常利益率を掛け算したものと同じものだ。

　ということは、ROAを向上させようとするならば、このどちらかの数値を少しでも上げればいいということになる。

　まず総資本回転率から見ていこう。総資本回転率は、年営業収益を資産合計で除した数値だ。営業収益の中身は、売上高と営業収入＝不動産収入、物流収入などである。

　そのため多くの企業では、分子である売上高を上げることができれば、総資本回転率が上がるというので、各部署の幹部が集まり、売上高増加を目指して会議を繰り返す。

　その結果、どうなるか。多くの人が関われば関わるほど、そして会議の回数が増えれば増えるほど、多種多様な考え、意見が交錯し、具体的な対応策が決まらず、いつの間にか効率数値に関する責任があいまいになってしまう。時間は経過するが、いっこうに売上高が上がらないという迷路に入り込むのだ。

　しかし、もう一方の分母である資産合計からのアプローチなら関係者（決定権を持つ）の人数は少ない。具体的に言えば、社長、財務担当スタッフ、店舗開発担当幹部の三人だけで総資本回転率を改善することが可能である。しかも0.5回転分、向上させるだけで良いのだ。

　そのための基本的な手法は次の三点しかない。

①1坪当たりの投資額を削減すること

②採算の悪い店舗（資産）と遊休資産の売却

③13週単位で、年4回、その改善対策に取り組むこと

　つまり、過大な在庫処分や、売上高を上げることに血道を上げることより、不動産投資費用の削減と不採算・遊休資産の売却を実行すれば総資本回転率はすぐに上がるのである。

　どうも日本の流通業には売上高を上げることを至上命題、天の声のように思いこむ傾向がある。売上高を増やした社員こそ、会社に対する貢献度が大きいと評価する。

　確かに売上高が増えるに越したことはない。小売業に働く者はつねに考え

なければならないテーマである。だからといって、すぐに売上高を上げる策が浮かんで、効果的に実行できるだろうか。それでなくとも日本ではSMをはじめとしたほとんどのフォーマットで購買人口よりも店舗数が多すぎる＝オーバーストアになっているのだ。

そんな実態があるのに、そう簡単に売上高を伸ばす具体的な妙案が出てくるだろうか。

また当たり前のことだが、たとえ売上高が増えたとしても、同時に売上原価も上がるので、増えた売上高がそのまま利益高となるわけではない。

その点、上記①の投資額の削減は売上高の向上と違って、権限を持つ社長以下三名によって、比較的スムーズに実現でき、効果的だ。

もう一つの対策である②店舗の売却については、閉店による売上高減や違約金支払いが発生するため、完全撤退なのか移転なのかは慎重に検討しなければならない。

前述のとおり、マネジメントの基本は、目標を達成することにある。そのためには、責任のある少数の人の決定と、その努力がすぐに結果を生むという単純な図式にすることが求められる。たった三人で、ROAを向上する効果が出るのだから、まず総資本回転率から数値の改善策を始めるべきであろう。

スタッフ：日本語では、「店員」とか「従業者一般」を意味する場合が多いが、職能としてのスタッフはこれと別で、組織の成長政策の決定を任務とする人々を指す。当然、トップマネジメント階層に属する大幹部である。職務は企業全体の中・長期的成長対策を決定し、経営政策を立案し、その実行方法についてのトップ命令を起案し、さらに進行状況報告をする。この職能に属する職位は、経営企画室長、コントローラー（計数管理）、エデュケーター（組織開発）、トレジュアラー（財務）、業務監査、法務、PR担当などである。

職能：職務の目的に応じて職位を大きくグループ分けしたもの。チェーンストアの組織では、次の5種類が必要だ。スタッフ、サービス、ラインスタッフ（→151ページ）、クリエイティブライン（商品に関する決定を行う）、オペレーションライン（店舗とセンター運営）。

サービス（職能）：企業活動を円滑に行うための業務を担う。主に事務関連職位。

売上を伸ばす前に○○削減策を優先する

ROAを左右するもうひとつの数値、経常利益率はそう簡単に上がらない。

もう一度、22ページの図表1－②を見てみよう。経常利益率集計企業258社のうち大多数の234社が黒字となっている。

もちろん黒字は大変結構なのだが、にもかかわらず、ほとんどの企業はROAの数値が10％未満だ。つまり、かろうじて黒字にはなっているものの、収益性の面からは、まだまだ改善する余地が多いということである。

こういう状態が続いている理由は、ほとんどの企業で部門ごとの実態数値がはっきりしていない点にある。

一企業のすべての部門で黒字ということは滅多にない。結果としてトータルの数字は黒字にはなったが、どこかの部門で赤字が出ている企業がほとんどだ。だから、ROAの数値が低いのである。

そのことを理解して、まず商品、店舗運営、物流、販売促進といった各部署の責任者は、どこが赤字部門なのかを調査し、その対策を講じなければならない。収益力が悪化しているときに、まっさきに取り組まなければならないのは赤字の削減なのだ。その削減額が、その分だけ収益に直結する。

赤字部門は、とかく売上を伸ばさなければならないと考えがちだが、売上増加より何か削減することを最優先課題とした方が結果的に収益力改善につながる。

図表1－⑥で、食品フォーマットの日米を比べてみよう。日本のSM上場34社の売場1坪当たり売上高の平均は272.4万円、アメリカは207.1万円なので日本の方が3割高い。1坪当たり粗利益高は、それぞれ67.2万円、61.0万

図表1－❻日米比較─売上高と営業利益高との関係

資料：各社Annual Report 2018と2019年7月4日発表までの最新本決算からJRC計算
註：(イ)アメリカのSM3社はAlbertsons Companies、Publix Super Markets、Sprouts Farmers Market、HC2社はHome Depot、Lowe's、衣SS5社はAmerican Eagle Outfitters、Chico's、Express、Gap、Kohl's
　　(ロ)$1＝100円

フォーマット・社名		売場1坪当たり(年・万円)				営業利益率(%)	商品回転率(年・回)
		売上高	粗利益高	営業利益高	経費高		
SM	アメリカ3社	207.1	61.0	9.4	51.6	4.3	12.7
	日本上場34社	272.4	67.2	6.0	61.2	2.0	26.7
DS	Target	110.6	34.6	6.1	28.5	5.4	5.6
HC	アメリカ2社	141.6	47.2	15.0	32.2	9.9	4.6
	日本上場16社	69.4	21.4	3.2	18.2	3.8	3.6
衣SS	アメリカ5社	175.0	62.1	9.5	52.5	5.3	5.2
	日本上場17社	130.6	67.3	7.3	60.0	4.7	4.4
CESS	Best Buy(US)	354.2	82.4	16.1	66.2	4.5	6.2
	日本上場11社	164.6	48.3	5.2	43.1	3.3	5.9

円とまだ約6万円の開きがある。ところが1坪あたり営業利益高は、同じく6.0万円、9.4万円と、アメリカの方が3.4万円も高い数値だ。日本は売上高が高くても営業利益には結びついていないのである。

商品回転率（棚卸資産回転率）は年売上原価を年間平均原価棚卸額で除した数値だが、日本のそれは26.7回転、アメリカは12.7回転である。回転が速ければ発注・補充などの作業が増え、その分経費がかさんでしまうものだ。

その経費に注目してみると、日本の1坪あたり経費高は61.2万円、アメリカは51.6万円だ。日本は1坪あたり9.6万円も多く経費を使っているため、営業利益率はアメリカの半分ほどの2.0％に止まっているのだ。

日本のSM各社は売上高を伸ばすために、経費を湯水のごとく使い、その結果収益を落としていることが分かるだろう。売上を上げる努力よりも経費を削減する方が利益に貢献する。

一方、非食品フォーマットでは逆に売上高は日本の方が低い。たとえば日本型HC上場16社の売場1坪当たり売上高平均は69.4万円しかない。アメリカはメガHC（ホームの設備・資材、工具、園芸などを揃えるが一般家庭用品は扱わない）の場合、代表的な2社平均で141.6万円、一般家庭用品を扱うディスカウントストア（DS）のTarget（店数1,844店）は110.6万円である。

日本型HCは1坪当たり経費高が18.2万円と低いことは立派なことだが、売上高が低すぎるためいくらローコストでも十分な利益が出せない。

だが日本型HCの場合も売上を伸ばす努力の前に取り組むべきことがある。日本型HCの商品回転率は3.6回だ。アメリカのHCは頻度の高い一般家庭用品は扱っていないにもかかわらず4.6回もある。DSのTargetなら5.6回だ。つまり日本型HCは1年間にほとんど売れない商品の在庫が大量にあるということになり、死に筋商品を削減することが先決である。

これは衣料SS（Specialty Store、専門店）、CESS（Consumer Electronics SS、家電専門店）の場合でも同様のことが言えるだろう。

ディスカウントストア（DS）：GMS（→42ページ）の商品をさらに大衆・実用品だけに絞った大型セルフサービス店。ホット（売れ筋）商品主力で、ロワーからミドルポピュラープライスレンジが特色。プライスレンジを低く、狭く絞り、部門間商品レベルの統一をしたチェーンストア。単純な割引き店であるディスカウントハウスとは異なる。3〜4割引売価のNB（ナショナルブランド）とPB（→80ページ）とを組み合わせる。
ポピュラープライス：大多数の客がその価格なら気軽に買える価格帯のこと。チェーンストアが目指す価格帯。

経常利益率の考え方

　企業の収益性を分析する際に、ひとつだけ一人の責任に帰する数値がある。経常利益は営業利益に受取利息や株式投資などで得た営業外収益を加え、営業外費用を差し引いたものだから経常利益は、営業利益より高くなければならない。

　22ページの図表1－②のいちばん右側を見てほしい。経常利益率が営業利益率よりマイナスという企業が66社もある。集計企業の3分の1に近い数である。

　このマイナスは財務担当役員一人の責任である。社内の幹部全員の努力によって生み出された営業利益率を資金や資産の運用失敗の結果経常利益率で0.1〜0.5ポイントも削り取ってしまうその責任を厳しく追及されて然るべきだ。そんな財務担当役員に対して改善計画の指導もしていない経営者がいるとすれば、その経営者も同罪である。

　そういう企業の財務担当役員は、社長や役員会の了承が取れなかったことをよく言い訳にする。意見を具申したが、最終的な了承を取れなかったために営業利益率を削る結果となったというのだ。社長や役員会を説得する資料を作成し、そのための情報をつねに収集するのが、財務スタッフの仕事である。社長の了承がどうのと言い訳をするのは、自ら説得力のない仕事ぶりを認めているようなものだ。

　事実、図表1－②を見ると、170社は経常利益率が営業利益率を上回っている。凄腕の財務スタッフになると必ず、0.3ポイントくらいは数値を上げているのである。

　だからといって、66社の財務スタッフは慌ててすぐに挽回策に走らないほうが良い。まず3年の中期経営計画、さらには5年から10年の長期経営計画を立てるべきだ。営業利益率より経常利益率が上回る改善策は、そのくらいのサイクルを視野に入れないと実現できない。もちろん、そのように経営者を説得することも大事である。

　最後に、自己資本当期純利益率（ROE）についてひと言触れておく。というのも、証券業界では、この指標を重要視して、企業の評価を行うケースが多いからである。

　自己資本当期純利益率のROEとは、Return On Equityのことで、当期純利益高を純資産合計（自己資本）で除して求めた数値（％）である。

図表1-❼ 上場流通企業のフォーマット別自己資本当期純利益率

フォーマット			自己資本当期純利益率(ROE)(%)		
			平均	最大	最小
日本型スーパーストア			7.4	12.3	1.1
食品主力総合			6.4	15.6	1.2
スーパーマーケット			6.7	14.4	0.4
ドラッグストア			11.4	19.5	0.3
ホームセンター			7.3	29.3	0.3
バラエティストア			9.7	17.1	6.0
専門店		紳士服	4.3	8.1	1.8
		衣料	12.7	50.7	0.5
		雑貨	13.8	22.0	2.3
		眼鏡	27.6	64.1	1.1
		宝飾	5.6	12.2	0.3
		スポーツ	2.5	5.0	1.1
		家電	9.6	25.6	0.1
		家具	17.2	27.6	9.6
		惣菜	8.9	11.2	6.1
リサイクル			8.8	16.9	4.4
FS	テーブルサービス	カジュアル	6.0	15.1	0.5
		ディナー	9.6	37.0	0.1
	直営主力	回転寿司	12.3	21.5	1.1
		麺・丼	8.5	20.4	0.7
		居酒屋	12.7	55.2	0.4

自己資本から生み出された利益を示すこの指標は流通業界では、もし経営者と大株主が別人格で争いが起こったときなどは話題になることは当然あり得る。しかし、流通業経営ではあまり話題にしていないのは、これは株主対策で用いる指標であって、多くの従業員にとってほとんど関係ないからである。

参考として図表1-⑦にフォーマット別平均値、最大値、最小値を掲載した。最近は株主重視の流れからROEへの注目が高まってきており、一般的に10%以上あれば優良企業とされている。

しかし、改めて記すが、企業の収益性を語る際に最大の物差しとなる指標は総資本経常利益率（ROA）の方である。

2

総資本回転率が示す過剰な投資

低い投資額で高い売上高を計上すべし

ビッグストアづくりや、多店化を推し進めるチェーンストアづくりの基本は、できるだけ低い投資額で高い売上高を挙げることだ。そのためには、すべての物件について、投資額の何倍の年商を確保することができたか、という投資効果を正確に把握していなければならない。その指標となる経営効率が投資回転率で、売上高を投資額で除して算出することができる。

この投資回転率という言葉は、財務や経理の担当者には馴染みのある用語だが、営業関係者には、いまひとつむずかしい専門用語のように思われているようだ。たとえば、営業関係者が店舗の比較をする場合には、どうしても年商を目安にしてしまう。A店の年商が3億円で、B店の年商が2億円とすると、1億円も差があるのだからA店のほうが業績の良い店舗と単純に考えるのである。

だが、もしA店が3億円の投資額で3億円の年商を計上し、B店は1億円の投資額で2億円の年商を生んでいるとしたらどうだろうか。もちろん、B店のほうが投資効率、すなわち投資回転率が高いと評価されて然るべきということになる。3億円あるのならB店型の店を3店つくることができる。そうすれば売上高は6億円になるのだ。

実際には年商や日商を店舗評価の指標とすることは意外に多い。しかし、じつに当たり前の話なのだが、これはあまり意味のないことだ。本当の店づくりを進める上でA店とB店の優劣を決める最初の評価尺度は、この投資回転率でなければならない。

次ページの図表1−⑧をご覧いただきたい。1物件ごとの投資回転率は不明なので、ここでは会社全体の投資効率を示す総資本回転率を用いて上場流通企業の実態を見ていこう。

あるべき数値は、小売業で2.5回、FSで1.5回を突破することが目標だ。

図表1－❽上場流通企業総資本回転率の分布

		総資本回転率(回/年)							
		小売業				フードサービス			
		◎ 2.5以上	○ 2以上	× 1.5以上	×× 1.5未満	◎ 2以上	○ 1.5以上	× 1以上	×× 1未満
集計企業数	総計	167				74			
	計	18	37	48	64	18	37	38	5
	構成比(%)	10.8	22.2	28.7	38.3	18.4	37.8	38.8	5.1

　まず、小売業の総資本回転率だが、あるべき数値の2.5回以上の企業はたったの10.8％、2回以上は22.2％、1.5回以上が28.7％、逆に大きく数値を下回る1.5回未満の企業が38.3％となっている。図表にも×印が二つ付いているが、これに該当する企業は投資の実態を根本的に見直さなければならない。

　さらに詳しく数値を紹介したのが、24ページの図表1－④のフォーマット別平均収益性だ。総合店よりも専門店の方が低く、専門店で、総資本回転率の平均の数値が2回以上となっているのは1つもなく、×印だらけだ。

　次にFSを見てみよう。図表1－⑧の総資本回転率構成比で最も比率が高いのは、1回以上～1.5回未満の38.8％で、次いで1.5回以上が37.8％となっている。

　その内訳を図表1－④で見ると、焼肉とカジュアルがあるべき数値より低い平均値となっていることが分かる。

　専門店やFSの総資本回転率がSMやドラッグストア（DgS）などの総合店よりも低いのは、①販売効率がそれらより低く、②小型店が多いため、賃料、敷金、保証金、設備などの坪当たり出店コストが割高になるためだ。しかし粗利益率が高いため利益が得られるのである。

　こうした収益性の考え方を図表1－⑨に示した。投下資本利益率（ROI）のあるべき数値は総資本経常利益率に準じて15％としている。この場合回収期間は6.6年となる計算だ。

図表1－❾ROI（投下資本利益率）を15%確保する試算
※前提条件：利潤分配率は20%でなければならない

粗 利 益 率(%)	15	24	30	60	70
営業利益率(%)	3	4.8	6	12	14
投資回転率(回)	5	3.125	2.5	1.25	1.071

エキナカ、エキビル出店で
企業の未来は収縮型になる

　私どもでは出店投資の目安として、敷金・保証金は契約面積１坪当たり10
〜30万円を相場として指導している。ただし、敷金・保証金なしという事
例も多く、実際には交渉次第で企業ごと・物件ごとに大きな差がある。

　一方、要注意は繁華街への出店だ。「エキナカ」、すなわち都市部のJR駅
構内と「エキビル」への出店である。その保証金は、都内なら坪300万円を
超えることもある。エキナカ・エキビルへの出店は、通常の出店の10倍以
上の投資額を必要とすることになる。

　エキナカ・エキビルへの出店は、JR駅での乗降客を取り込むことにより
坪当たりの販売効率が良くなり大繁盛しているように見える。だが、チェー
ンストアづくりという視点から考えると、エキナカ・エキビルに出店した途
端に企業の多店化を推し進める能力が一気にダウンしてしまうのが普通であ
る。さらにエキナカ・エキビルへの出店が立て続けに行われると、その分、
過剰な投資が増加することとなり、その企業の将来は収縮型になってしまう。

　ここであえて指摘しておきたいのは、企業のトップやスタッフが、保証金
の相場に坪５万円から坪300万円までというように大きな格差がある実態を
意外に知らない点である。エキナカ・エキビルという言葉が持つ集客予想の
魅力に目を奪われて、ついつい出店投資額を増やしてしまうと、そこで多店
化への道に暗雲が漂うことになる。

　金額の相場は経済情勢を反映して変化するものだ。店舗開発担当者は一定
の期間ごとに保証金の相場を調べて、それをもとに出店計画を進めなければ
ならない。

　同様のことがリース料にもいえる。相場は、大型店の場合で１坪当たり月
5,000〜7,000円、小型店の場合で8,000〜12,000円が現状だ。保証金のケース
と同じように、リース契約面積が広ければ広いほど坪当たりのリース料交渉
が優位になるように思うのだが、実際には、契約面積が1,000坪近くもある
のに相場の倍以上も払っているところもある。

　ある大手企業には、１坪当たり月25,000円を超える物件（大型店）がある。
何度リストラをしても、ある物件についてはリース料が変更できないでいる。

　これでは、年間にすると坪30万円になるので、いくら現場で販売効率
（１坪当たり売上高）を高めて粗利益高を確保しても、この物件の赤字は半

永久的に続くだろう。リース料の時点で勝負はついている。

　このような例は古い物件に多い。1990年代までは大繁盛店になれたが、2000年代以降売上は減少する一方だ。しかもそれらは、必要以上に大きすぎたり、小売業が使用するためには不便な構造になっていたりする。立地でいえば駅ビル、もしくは駅前ビルというように極めて交通の便がいい条件の物件があてはまる。駅ビルとか駅前は客が多いから繁盛し儲かるという神話に騙されていると言っても過言ではない。

　その点、以前イトーヨーカ堂やイオンが、駅から1,000メートルから500メートルくらい離れた地点に出店してきたのは、理にかなったやり方であった。駅のすぐ近くとは言い難いかもしれないが、だからといって遠いわけではない。そんな地点を比較的低い相場のリース料で契約するという戦略であったことが分かる。

　最近ではリース料の契約が上手いと言われるチェーン企業は、1坪当たり月3,000円とか4,000円という低い金額で契約を結んでいる。

　とはいえ、人口減少からアーバン地域への進出が活発になり、1坪当たり月1万円未満のリース料契約で物件を確保することができず、1万〜3.7万円の価格帯に広く分布しているというのが実態である。

　今後、生き残りをかけた競争がますます激しくなったときに、いくら商品部と店舗運営部が営業面で努力を重ねたとしても、その努力以上の比率で店舗の成否を左右するのが、投資の仕方である。しかも、企業内で物件が小売業の店舗としてふさわしいかどうかを決めているのは、財務担当と店舗開発担当の各部長、つまり二人のみというケースも多い。

　営業現場である商品部と店舗運営部が、物件の決定、条件の検討に関わることはほとんどない。その結果、安易な契約が結ばれ、店舗運営に大きなマイナス効果をもたらしてしまう。

　計数管理の中でいちばん効果的にリストラができるのが、この店舗開発部門である。だが、実際に企業内でリストラが検討されると、不振店の閉鎖だけがテーマとなり、その上、違約金がもったいないという類の一時的な損害の話だけが繰り広げられ、相場より割高な物件のキャンセルにテーマが及ばないことが多い。もう一度、物件の原点まで遡って投資の実態を精査しなければ業績の向上は望めないであろう。

　その際には不動産費分配率も併せて検討しなければならないが、その具体的な方法は次の第2章で述べる。

不動産の一部は所有すべし

　次に地価の問題についても考える必要がある。サバブ（サバーバン地域）への出店がビッグストアづくりと、チェーンストアとしての多店化のコツとなっている最大の理由は、地価が低いからだ。

　サバブとは、新しく開発された住宅地帯のことである。「郊外」ではなくて、古くからある市街地から20〜30km外側に急速に住宅が建設され人口が増えつつある地域を言う。地価は１坪当たり10万円から40万円あたりが相場で、したがって保証金やリース料も低い地域ということになる。

　これに対して、大手企業がこのところ出店を志向していると言われる首都圏の中でも都心（ダウンタウン）や、既存の住宅密集地帯であるアーバン地域は、地価が高く、土地購入代金ばかりか、リース料も保証金も、すべてが大幅に上昇する。

　一方、第４章で詳しく説明する、売場（店舗）１坪当たりの売上高である販売効率は、たとえ順調に推移した新店であっても平均の２倍あたりがやっとである。にもかかわらず、地価は１坪当たり15万円から1,000万円まで実に広範囲に分布しているとなると、サバブを中心とした出店が、疑いようのない基本路線である。

　ただし、物件がすべてリースとなると、企業としては金融機関の信用がいつまでたっても付かないという長期経営課題が生じる。そこで経営者は、出店の際に物件を所有するか、リースにするかという悩みを持つ。

　半世紀にわたる経験から導き出された私どもの持論は、「一部は所有すべし」である。一部という目安は次のようなものだ。新店10店につき、土地と建物をすべて所有する店舗が１店、土地と建物の一部所有が同じく１店、建物のみ所有が２店、残りの６店はすべて土地と建物ともにリースにする。もちろん、この割合は大型か小型かにも左右されるし、企業規模も影響する。

　ちなみにアメリカのTatget（DS）の場合、所有率は約83％である。主力の立地が地価が安いサバブだからだ。

　なお、土地を所有した物件は、５年後に少なくとも地価が１割以上の上昇、できれば３割以上になることが望ましい。

　そうなるためには、１坪当たり40万円以下、できるなら30万円以下の地価で購入することだ。ところが、たいていは100万円以上で購入するので、翌年から値下がりしてしまうのである。

新店の赤字は1年間が許容期間

　新店の赤字はどれくらいの期間まで許容できると考えるべきか。もちろんすぐに黒字を計上できれば、それに越したことはないのだが、多少赤字であっても、いったい、どのあたりまでに黒字化を目標として我慢すればいいのか、ということだ。

　それは、新規開業費と本部費を除いて月間損益を、13ヵ月目に黒字化するというものだ。つまり、1年間が許容期間で、それを超えたら黒字させるべきである。本部費を加えた場合は、25ヵ月目、すなわち2年を過ぎた時点での黒字化である。

　次に、あるべき資本の収益性、すなわちROI（投下資本利益率）が15％を超えるのは37ヵ月目を目指すべきだ。少なくとも3年を過ぎたら、必ず10％を超えなければならない。

　このように、新店であっても1年目、2年目、3年目と期間を経過するごとに超えなければならないハードルがある。

　この目安を1年ごとに一つずつクリアできなければ、その物件に対する投資は失敗であったということになる。

　また、たとえこれらの目安をクリアできたとしても、投資回転率は、1年目からあるべき数値を超えていなければならない。さらに、3年間は販売効率（1坪当たり売上高）も、たとえわずかであっても、継続して増加していることが求められる。再度34ページの図表1−⑨を見てほしい。

　最後に、設備償却についての目安は、土地以外の全投資額は5年以内に実質償却できるようにすることが望ましい。一定のルールがある税法上の償却ではなく、実質上の償却である。最近では8年という物件も増えてきた。

　これに対して、ディストリビューション・センター（DC）、プロセス・センター（PC）、コミッサリーなどにある加工機械や運搬機器については、いくつもの説があるものの、3年を実質償却と考えたい。その理由は、これらの機器は、つねに改良や開発が進められていて、3年も過ぎると新型が登場しているからである。

　実際にコスト計算をしてみても、部分的に新型の機器を導入するより、全工程で一定の速度を保つことができる機器を配置しておいたほうが、適切な作業能率を確保することができる。だから3年を目安に機器の入れ替えを想定することが合理的なのである。

サバブ：新しく開発された住宅地帯のこと。「郊外」のことではなく、古くからある市街地に対して、そこから20〜30キロメートル外側の地域に新しく生まれつつある住宅地帯のことをいう。これに対して旧市街地をアーバン地域（urban area）、この2つの中間地域をエクサーブ（exurb）と呼ぶ。特徴は、①居住人口は中心部が減り、外側は団地のかたちで増える。②サバブの居住者は、小さい子供のいる比較的若い世帯であること（購買力が大きく、従来の買物慣習にとらわれない）。③中産階級が大部分（これに対してアーバン地域は、低所得者と一部の高所得者だけが住むことになる）。④地価がアーバン地域より安い。⑤店としては必要な売場の広さと十分な駐車場が確保しやすい。したがって、チェーンストアの発展も収益の大部分も、サバブから得られることになる。

ダウンタウン：その都市で、もっとも早くできた町並みのこと。サバブに対してアーバンの中心という意味で使われることばである。たいていの都市は、はじめ丘のふもとや川沿いの街道筋に宿場や商店街が生まれたので、英語と日本語が同じ下町と名付けた。日本でいう山手（やまのて）は、やや高級な住宅地域を意味し、アメリカでいうアップタウン。

アーバン地域：旧市街地。住宅・アパート密集地帯。実務的には、すでに人口増加率が低下したところをさす。商業施設が密集したダウンタウンとは区別する。

ディトリビューション・センター（DC）：商品を大量に動かすのに必要な商品管理施設。目的は①各店舗（事業所）現場の欠品をなくすこと。したがって品目毎に適時適量在庫を確保するための施設。②商品または材料の品質（または鮮度）を均質に維持すること。その上で企業全体として商品管理作業にかかるトータルの人件費コストを引き下げることが任務である。

プロセスセンター（PC）：食品の一次加工と二次加工場、材料選別から加工、プリ・パッケージ、値付けまでの作業を一括して行う。工程は家庭の台所延長型ではなく、工学的な生産管理方式をとる。一カ所から50〜200店へ出荷する。

コミッサリー：フードサービス業のプロセス・センターのこと。日本は、家庭の台所の延長の人海戦術方式で手作業で調理加工を行っている例が多く、これをセントラルキッチンと呼んでいる。本来のコミッサリーは、高度な機器の流れ作業と厳しい温湿度と衛生管理で、品質が安定した製品を大量生産し、物流システムも合理化して、売価を下げるのがあるべき形。

3

営業利益率を改善できる企業には営業経費をコントロールする能力がある

図表1－⑩主要経営効率の計算公式とあるべき数値

効率番号	効率項目（単位）	計算公式	あるべき数値
④	営業収益営業利益率(%)	年営業利益÷年営業収益×100	粗利益率の20%
⑪	売上総利益率〔粗利益率〕(%)	年売上総利益(年粗利益高)÷年売上高×100	株式公開企業のフォーマット平均値近くで一定に保つ
㉔	坪あたり営業利益高(万円)	年営業利益÷年間平均総(売場)面積(坪)	小売業以外は総店舗面積で目標15万円以上(10万円を下回らないこと)

こんなに違う日米の収益性

　営業利益率は、図表1－⑩に記載したように年営業利益高を年営業収益で除して算出した数値（％）である。営業利益率が3％というのは、年間の営業収益の3％が営業利益高であることを意味する。この経営効率は店舗現場において大事な数値と考えられる。営業利益率を改善することができる能力は、すなわち営業経費をコントロールできる能力とみなすからである。

　42ページの図表1－⑪と43ページの図表1－⑫は、アメリカと日本の主要な上場小売業の営業利益率をはじめとする経営効率をまとめたものだ。

　アメリカのチェーンストアから見ていこう。

　百貨店代表のKohl'sは、日本には例のない店舗数が1,000を超える大チェーンである。2番目のMacy'sでも店舗数は600を超え、店舗数を取り上げただけでも、三越・伊勢丹、髙島屋といった日本を代表する百貨店と比較して、いかに巨大であるかが分かろうというものだ。両社の営業利益率はいずれも6.7％である。ちなみに三越伊勢丹ホールディングス（以下HDに省略）の売上高営業利益率は2.4％、髙島屋は3.1％だ（図表1－⑫には掲載していない）。

　これらの数字を見てから図表1－⑫に目を転じると、その数値の落差に驚かざるを得ない。日本型スーパーストアの代表のイオンリテールの営業利益率はなんと0.5％しかない。

比較的高いイズミが4.2%、上場8社平均が2.5%である。

　類似フォーマットであるアメリカのDSを見ると、Walmart（店数11,361店）の営業利益率は4.2%、Targetは5.4%もある。

　次にHCでは、Lowe's（店数1,723店）が5.6%、Home Depot（店数1,981店）はさらに高く14.3%の営業利益率を誇っている。

　SMはどうか。Walmartの影響が大きいKroger（店数2,764店）は2.1%と低めだが、日本の上場SMの平均値2.0%よりは上である。そしてPublixは店舗数が1,000を超えても、7.5%という驚くべき営業利益率となっている。

　また、衣料や家電などのフォーマットの企業も概して営業利益率が高い。もちろんJ.C.PenneyやBarnes & Nobleのように惨憺たる業績の企業もあるが、これらは衰退しているフォーマットであるジェネラルマーチャンダイズストア（GMS）、本のスペシャルティストア（SS）をやめずに、続行していることに戦略上の問題がある。

　このように日本では全国に名を知られた企業であっても、アメリカと比較すると低収益であることに愕然とするだろう。

　日米のチェーンストア企業の最も大きな違いは、店数規模と営業利益率に表れている。チェーンストア経営は最良を突き詰めた店舗（業態、品揃え、作業システム）で標準化するから、多店化すればするほど1店あたりのコスト負担は減り、生産性が高くなる仕組みだ。フォーマットが陳腐化しない限り、高い営業利益率を上げられる。

　ところが日本の場合は、店数は多くてもその方針は個店経営である。これは多店化すればするほど無駄が多くなり、逆に生産性が下がっていくので低収益のままなのである。

　利潤分配率を比較しても（日本の数値は58〜59ページ）、日米に大きく差があることが分かる。利潤分配率は粗利益高に占める経常利益高（店段階は営業利益）の割合のことだから、あるべき20%を取れていなければそれは経費の使い過ぎということだ（詳細は第2章）。アメリカの企業の大半が高い数値であるのは、そうでなければ生き残れなかったということだ。これから日本もアメリカ並みに競争が激化する時代となるから、今高い収益を確保できる体質にしておかなければ、この先生き残れないと考えるべきである。

　わが社のフォーマットに近いアメリカ企業がどのくらいの営業利益率を確保しているのか、今一度見てほしい。

図表1－⓫米国の主要な上場小売業の経営効率

資料：各社annual reportからJRC作成
註：(イ)店数海外のC＝カナダ、M＝メキシコ　(ロ)※印は税引前利益率
　　(ハ)経費率＝粗利益率－営業利益率　(ニ)－印は赤字
　　(ホ)ROAは総資本対純利益率(日本と比較する場合は米国のROAを2倍する)　(ヘ)色文字は優秀なマネジメントを示す数値
　　(ト)Walmartの内訳は、DS386、SuC3,570、MWC599、SSM698＋その他115、海外5,993
　　(チ)CVS Healthの営業利益率と粗利益率と経費率と既存店売上高増加率は、小売部門のみの数値

フォーマット	社名(決算期)	店数(店)	営業利益率	粗利益率	経費率	利潤分配率(%)
百貨店	Kohl's(2019/1)	1,159	6.7	36.3	29.6	19.5
	Macy's(2019/1)	(OPS含む)643 その他224	6.7	39.0	32.3	17.8
GMS	J.C. Penney(2019/1)	864	—	32.5		—
DS	Walmart(2019/1)	註1 11,361	4.2	24.5	20.3	17.5
	Target(2019/1)	1,844	5.4	31.3	25.9	17.6
HC	Home Depot(2019/1)	1,981、C182、M124	14.3	34.3	20.0	41.7
	Lowe's(2019/1)	1,723、C279、M13	5.6	32.1	26.5	17.5
VS	Dollar Tree(2019/1)	Dollar Tree(C含む)7,001 Family Dollar8,236	—	30.4		
	Dollar General(2019/1)	15,370	8.2	30.4	22.2	27.1
SSM	Kroger(2019/1)	SSM2,764 宝石SS253	2.1	21.6	19.5	9.9
	Publix Super Markets(2018/12)	SSM1,211	7.5	27.1	19.6	28.0
HFaS	Bed Bath & Beyond(2019/2)	国内＋C 994 ベビー124、その他 415	—	34.1		
	Williams-Sonoma(2019/1)	625(海外含む)	7.6	37.0	29.4	20.7
MWC	Costco(2018/8)	527、C100、海外135	3.1	11.0	7.9	29.3
SDgS	CVS Health(2018/12)註2	9,967	0.7	27.9	27.2	14.6
	Walgreens Boots Alliance(2018/8)	9,451 海外4,876 海外メガネ394	4.8	23.4	18.6	20.8
衣料	Gap(2019/1)	2,650、海外1,016	8.2	38.1	29.9	21.5
	American Eagle Outfitters(2019/1)	800、その他103 海外383	8.3	36.8	28.5	22.6
	Express(2019/1)	631、海外16	1.3	29.0	27.7	4.5
インティメート／トイレタリー	L Brands(2019/1)	インティメート1,154 トイレタリー1,854 アクセサリー421 海外188	9.3	37.0	27.6	25.5
OPS	TJX(2019/1)	2,343 HFa OPS800、海外1,163	※10.7	28.5	17.8	※37.4
紳士	Tailored Brands(2019/1)〈元Mens Wearhouse〉	720 その他632、C126	6.5	55.4	48.9	15.5
靴	Foot Locker(2019/1)	2,373、海外848	8.8	31.8	23.0	27.6
CESS	Best Buy(2019/1)	997 その他29、C・M212	4.4	23.2	18.8	19.0
オート	AutoZone(2018/8)	5,618 M・ブラジル584	16.1	53.2	37.1	30.3
スポーツ	Dick's Sporting Goods(2019/1)	729 ゴルフ94、アウトドア35	5.2	28.9	23.6	18.2
クラフト	Michaels(2019/1)	(C含む)1,258	10.6	38.3	27.7	27.8
本	Barnes & Noble(2019/4)	627	0.4	30.2	29.8	1.5
文具	Office Depot(2018/12)	1.364	2.3	27.3	25.0	9.9
化粧品	ULTA Beauty(2019/1)	1,174	12.7	35.8	23.1	35.4

ゼネラルマーチャンダイズストア（GMS）：大衆実用品のうち、新機能開発品を核売場とし、一流ナショナルブランドの2～3割引品とを組み合わせた“くらし”総合店。日常家庭で使う品は、食品と自動車を除いて、ほとんど扱っている。
スペシャルティストア（SS）：専門店。特定用途品あるいはひとつのルックのみを扱う小売店。必ず扱い商品が、他にまねのできない特別なものになっている。

図表1－⓬日本の主要な上場流通企業の経営効率

単位：店、%

フォーマット		社名	直営店数 （FC数）	営業収益 営業利益率	粗利益率	経費率
日本型スーパーストア（本体）		8社平均		2.5	25.1	22.6
		イオンリテール（非上場）	403	0.5	26.4	25.9
		イズミ	112	4.2	18.7	14.5
スーパーマーケット		34社平均		2.0	24.7	22.7
		アークス（連結）	334	2.8	24.6	21.7
		アオキスーパー	51	1.6	15.0	13.4
		ヤオコー	161	4.2	27.7	23.5
		ユナイテッド・スーパーマーケットHD（連結）	516	1.7	28.6	26.9
		ヨークベニマル（非上場）	225	2.8	23.5	20.6
		ライフコーポレーション	270	1.7	28.7	27.0
ドラッグストア		14社平均		4.1	26.1	22.0
		ウエルシアHD（連結）	1,874	3.7	30.3	26.6
		ココカラファイン（連結）	1,360	3.2	27.0	23.8
		コスモス薬品（連結）	912	4.0	19.7	15.7
		ツルハHD（連結）	2,082(3)	5.3	28.6	23.2
ホームセンター		16社平均		3.8	30.9	27.1
		コーナン商事	346	6.0	37.3	31.3
		コメリ	1,192	3.8	29.4	25.6
		DCMHD（連結）	671	4.7	32.8	28.1
		ナフコ	366	3.1	32.0	28.9
バラエティストア		3社平均		4.8	39.4	34.6
衣料スーパー		しまむら	2,147	4.8	31.7	26.9
専門店	紳士服	6社平均		4.8	56.0	51.2
		AOKIHD	衣697 1,209	6.9	43.1	36.2
		青山商事	891	6.8	58.5	51.7
	衣料	17社平均		4.7	51.6	46.9
		アダストリア（連結）	1,342	3.2	53.9	50.6
		西松屋チェーン	1,004	2.6	36.2	33.6
		ファーストリテイリング（連結）	2,161(43)	11.8	49.2	37.4
		ライトオン	498	1.8	48.5	46.7
	靴	3社平均		7.8	49.6	41.8
	雑貨	4社平均		3.1	39.0	35.9
	眼鏡	4社平均		4.6	68.9	64.3
	宝飾	6社平均		6.9	59.1	52.2
	スポーツ	3社平均		1.8	37.1	35.3
		アルペン	433(25)	1.2	38.7	37.5
		ゼビオHD（連結）	867	2.4	37.9	35.4
	家電	11社平均		3.3	29.4	26.1
		エディオン（連結）	436(755)	2.4	29.1	26.7
		ケーズHD（連結）	494(4)	4.7	28.1	23.3
	家具	4社平均		10.1	51.9	41.8
		ニトリHD（連結）	505	16.5	54.5	37.9
	惣菜	3社平均		5.3	59.7	54.4
リサイクル		5社平均		3.6	49.4	45.8
FS テーブルサービス	カジュアル	15社平均		4.2	66.7	62.5
		サイゼリヤ	1,085	4.1	63.3	59.1
		ジョリーパスタ	250	8.4	71.9	63.4
		すかいらーくHD（連結）	3,079(121)	6.6	68.8	62.1
	ディナー	16社合計		4.0	69.3	65.3
		木曽路	170	5.7	68.6	62.9
		DDHD（連結）	420(16)	4.1	75.8	71.7
	焼肉	3社平均		5.1	64.8	59.7
直営主力	回転寿司	5社平均		4.6	54.7	50.1
	麺・丼	7社平均		5.1	71.0	65.9
居酒屋		17社平均		4.6	65.5	60.9
		鳥貴族	423(242)	4.9	69.6	64.7

経費率の低い店舗から
業務・作業システムを学ぶ

　営業利益率の日米比較をすると、アメリカの企業の方が粗利益率が高いことが原因ではないか、という声が上がるが、その指摘は必ずしも当たっていない。

　DSのWalmart（大部分はSupercenter）の粗利益率は24.5％、日本型スーパーストアの上場企業平均粗利益率は25.1％だ。SMのPublix（店数1,211店）の粗利益率は27.1％、Krogerは21.6％、日本ではユナイテッド・スーパーマーケット・ホールディングス（HD）が28.6％、アオキスーパーが15.0％である。一般家庭用品を主力とするDSのTargetは31.3％、日本型HCの平均粗利益率は30.9％だ。DgSの場合もアメリカのCVS Health（店数9,967店）が27.9％、Walgreens Boots Alliance（店数14,327店）が23.4％、日本の平均が26.1％だから、どのフォーマットも大差はないことが分かる。専門店フォーマットにいたってはかえって日本の方がはるかに高いことに気が付く。

　なぜアメリカと日本の粗利益率がほぼ同じなのに、収益性を示す営業利益率を比較するとアメリカが数段も高くなるのか。その答えは、アメリカ大手チェーンの経費率の低さにある。もちろんアメリカのチェーンにも経費率が高い企業もないわけではないが、高収益を上げている企業の経費率は見習わなければならない。わが社の数値と比較してほしい。

　できるならば実際に訪米して経費率の低い企業をストア・コンパリゾンすべきだ。自店と比較して、どの部分が優れているのかを自分の目で観察し、分析し、判断するのである。

　日本の小売業をストア・コンパリゾンするならば、図表１−⑫で経費率が低い企業の店舗を訪れ、同じ経済環境に囲まれていながら、なぜわが社より優れた経営効率を上げているのかを観察しなければならない。

　ただし、経費率はあくまで売上高に対する割合であるから、実額でも低いかどうかとは別の物差しとなる。

　たとえば、図表１−⑫の衣料専門店のファーストリテイリングの経費率は37.4％、ライトオンは46.7％だからファーストリテイリングの方が低い。ところが49ページの図表１−⑬で１坪あたりの経費高を見ると、ファーストリテイリングは86万円、ライトオンは45万円と２倍近い差がついており、ライトオンの方が圧倒的に低い。したがって、見学先を選定する際には、こ

の両方の数字を検討しなければならない。

　そして、こういう店舗を訪れてストア・コンパリゾンをするときに大切なのは、目先の品揃えや陳列だけに目を奪われないことである。経営政策上の問題として経費の低さを生む業務・作業システムを観察しなければならない。

　計数管理は経理の仕事ではなく、商品部、店舗運営、販促担当などの幹部が果たすべき任務だ。他社の経営効率数値は、自社の経営効率を上げるために、どこの店舗の業務・作業システムを観察し、学べばよいのかを見つける手段にできる。つまり、わが社にとってどの企業や店舗をお手本とすべきかを明確に教えてくれる指標なのである。

　また同じフォーマットで経費率が低い企業の店舗でストア・コンパリゾンを行うことも大事だが、わが社とは異なるフォーマットの企業の店舗をストア・コンパリゾンの対象とすることも考えるべきだろう。そのほうが品揃えなどに目を奪われることなく、業務・作業システムといった経営政策上の課題を観察することに意識が集中して、得るものが多いと思われる。

バラエティストア（VS）：売価の上限が低く、消費頻度の高い生活必需品を幅広く揃えた総合店。

スーパー・スーパーマーケット（SSM）：スーパーストア化を果たしたスーパーマーケット。アメリカでは800坪以上、日本では500坪以上。

ホームファッションストア（HFaS）：家庭用品を主力に、ホームファッションを付加した総合的専門大店。

メンバーシップホールセールクラブ（MWC）：会員制の消費生活財主力のセルフサービス卸商。

スーパー・ドラッグストア（SDgS）：スーパーストア化したドラッグストア。アメリカでは300坪以上、日本では200坪以上。

オフプライス・ブランデッドストア（OPS）：ノー・フリンジ・ストア（店内に装飾のない低投資の店）の形で、通常価格の3～5割引きの低価格で服飾品やホームグッズを売る店。

スーパーセンター：→92ページ

ストア・コンパリゾン：他店と自店を見学・調査し、その経営戦略上の狙いを分析し、わが社はどのような経営重点を設定すべきかを判断する技法。

観察：問題点を発見すること。「分析」の前段階。たんに眺めるだけなのではない。

分析：「観察」によって発見した問題点について、①その原因や事情を推定し、さらに②現場で現物で、当事者について、その「事実と事情の確定」をすること。原因となった事実（事情）が正しくつかめたときはじめて、「判断」が可能となる。

判断：改善案と改革案、あるいは応急処置計画と制度変更計画を立案すること。

4

現場は営業利益率よりも 1坪当たりの営業利益高

現場には具体的な数値を目標として示す

第1章の3節で営業利益率を取り上げたが、店舗現場の人にとって、"率"というのは、いまひとつピンと来にくい数値である。パーセンテージをどうこう言うより、やはり店舗の現場で働く従業員に対しては金額で目標を明示したほうが改善は進むものだ。

そのため、欧米のチェーンストアの現場管理職が使っている経営指標は次の四項目である。

①単位面積当たりの営業利益高

②単位面積当たりの経費高

③単位面積当たりの粗利益高

④単位面積当たりの売上高

これらの数値は、米英では1平方フィート当たり（坪当たりで換算すると36平方フィート）、ヨーロッパでは1平方メートル当たり、日本では慣習的に1坪当たりを単位として算出する。

日本の上場流通企業をフォーマット別にして上記の①〜④を求めたのが49ページの図表1－⑬である。

これを見るとフォーマットごとに1坪当たりの売上高と同粗利益高が大きく異なっていることが分かる。つまりこの二つの経営指標は、流通業の収益性を向上させるときにどのフォーマットにも共通に使える実態数値ではないということになる。

そこで業種やフォーマットを問わず共通に使うことができる数値が坪当たり営業利益高なのである。これは坪当たり粗利益高から坪当たり経費＝営業費（宣伝費などの販売費と、人件費や水道光熱費等の一般管理費）を差し引いた金額であるともいえる。

この数値は、欧米のチェーンストアが過去150年間の経験から目標として

きた金額がある。日本のケースにあてはめると、あるべき数値は10万円以上、努力目標は15万円である。この数値ならば取扱商品部門に関係なく、同じ尺度で比較することができる。

　もし、現在の１坪当たりの営業利益高が７万円ならば、まずは第一目標としてプラス３万円の10万円を超えることを目指す。最終目標はプラス８万円の15万円突破である。

　目標を掲げることなら誰にでもできるだろう。大事なことは最終的なプラス８万円を具体的に実現する方法である。８万円は天からは降ってこないし、温泉のようにある日突然、地面から噴き出してくるわけでもない。

　発想を換えてみよう。プラス８万円を実現することは、年間を通じて８万円の経費削減をすることと同じと考えるのである。ひと月ごとにすれば、6,666円だ。第一目標である１坪当たり営業利益高10万円に到達するには、プラス３万円が求められるが、これも一年間で１坪当たり３万円、月ごとにすれば2,500円の経費削減に努力すれば達成できることになる。

　店舗現場の人たちが取り組まなければならない課題は、「（売場）面積１坪当たりの営業利益高」の改善であるが、それは同時に経費高の削減とも言えるわけだ。

　これまでは（売場）販売効率という（売場）面積１坪当たり、もしくは１店当たりの年間売上高ばかりが分析の対象となった。売上高信仰が根強いのである。

　だが、それは店舗開発部が行う店づくり、商品部が担当する商品構成や仕入れの仕方などに大きく左右されてしまう。店舗現場が経営効率の数字を改善する意欲に燃えても、自分たちの領域とは異なる部門で数字が動いてしまうので、現場から改善に向けた意欲はなかなか出にくい。それどころか、売上を上げるためなら、経費をいくら使ってもいいということになってしまう。

　つまり、営業部門の幹部がまず取り組まなければならない課題は、経営企画が作成した売上高を重視した予算計画や目標をそのまま掲げることではなく、わが社の店舗ごと、商品部門ごとの営業利益高が現状でどのくらいの金額かをしっかりと把握することだ。次に（売場）面積１坪当たりの粗利益高と経費高を正確に算出する。それによって、初めて現場レベルでの目標が明らかになる。

　従来のように売上高目標を示すだけでは、収益性向上のための効果的な対策など打ち出すことはできない。

コスト・コントロールができている企業に学ぶ

目標がはっきりすれば、競争相手の数値と比較することで、どの企業の、どの店舗に出向いてストア・コンパリゾンをすべきかが分かる。

次ページの図表1－⑬を見てみよう。主な上場流通企業の坪当たり収益高だ。これを見れば、ストア・コンパリゾンすべき相手が一目瞭然である。

たとえば、SMを見てみよう。1坪当たり売上高の欄を見れば、関西スーパーマーケットの423万円が最大で、次いでベルクの340万円だが、1坪当たり営業利益高に目を転じるとベルクの14万円がトップでアクシアルリテイリングの12.7万円が続く。一方、関西スーパーマーケットは5.6万円で、ベルクの半分以下である。

その理由は、営業利益高の右隣の数値、経費高を見れば分かる。関西スーパーマーケットの経費高は、ベルクより25万円も大きいからだ。

逆に大黒天物産やヨークベニマルのように1坪あたり経費高を60万円未満にできれば、1坪あたり売上高が250～270万円でも1坪あたり営業利益高は8万円を確保できる。

この図表から読み取らなければならないのは、前述したように売上高ではなく、経費高削減で営業利益高を上げている企業を見つけることである。言い換えれば、コスト・コントロールができている企業のピックアップだ。

その代表例は、1坪当たり営業利益高が8.6万円のイズミ。1坪当たり売上高は104万円とけっして高くない。むしろ低い部類に入る。ところが、経費高の低さは10万円と日本型スーパーストアの中で断然トップだ。

DgSのコスモス薬品は6万円という営業利益高を確保しているが、それを実現しているのは売上高ではない。売上高は148万と低いし、粗利益高も低い。しかし、コスト・コントロールができていて、低い経費高を実現していることから生み出されているのだ。こういう点にぜひとも注目してほしい。

日本型スーパーストアの数値を見ていくと、イオン北海道と平和堂の1坪

註. 次ページ図表1－⑬のフォーマット「総合」は下記の2つ
  1. 食品主力総合　　　日ス、SM、DgSに当てはまらず、総合食品（菓子を含む）の売上高構成比が70％未満50％以上だが、服飾の売上高構成比は10％もない。別に雑貨とハードグッズなどを扱う総合店。
  2. 非食品主力総合　　日ス、衣料スーパー、DgS、HC、VSに当てはまらず、家庭用品の売上高構成比が30％以上、総合食品（菓子を含む）が50％未満20％以上で、別に服飾などを扱う総合店。

図表1-⑬主な上場流通企業の坪当たり収益高

註：スペース上全ての企業を掲載していない
単位：万円

フォーマット	社名	坪当たり 売上高	粗利益高	営業利益高	経費高
	7社平均	130	32	3.5	28
日ス本体	イオン九州	93	26	0.02	26
	イオン北海道	156	43	6.9	36
	イオンリテール(非上場)	137	36	0.8	35
	イズミ	104	19	8.6	10
	イトーヨーカ堂(非上場)	192	44	1.0	43
	フジ	83	15	2.7	12
	平和堂	145	39	4.5	34
総合(註)	パン・パシフィック・インターナショナルHD(連結)	280	66	15.8	50
	ミスターマックス・HD(連結)	114	24	2.5	22
	ジェーソン	123	32	3.4	29
スーパーマーケット	22社平均	272	67	6.0	61
	アークス(連結)	262	64	7.9	56
	アクシアル リテイリング(連結)	297	72	12.7	59
	いなげや	315	91	1.4	90
	エコス	243	62	6.9	55
	関西スーパーマーケット	423	103	5.6	97
	大黒天物産(連結)	248	58	8.0	50
	ハローズ	276	69	10.9	58
	バロー-HD(連結)	181	45	4.7	40
	ベルク	340	86	14.0	72
	マックスバリュ九州	255	60	3.4	57
	マックスバリュ中部	274	70	5.3	65
	マックスバリュ東海	292	72	7.3	65
	マックスバリュ東北	205	47	1.7	45
	マックスバリュ西日本	223	52	2.3	50
	マックスバリュ北海道	267	59	2.8	56
	マミーマート	270	63	4.3	59
	ヤマナカ	285	70	1.9	68
	ヨークベニマル(非上場)	278	65	8.1	57
	ライフコーポレーション	331	95	6.0	89
ドラッグストア	9社平均	181	46	7.5	39
	ウエルシアHD(連結)	204	62	7.6	54
	キリン堂HD(連結)	181	48	2.8	45
	クリエイトSDHD(連結)	232	63	12.0	51
	Genky DrugStores	104	24	4.5	19
	ココカラファイン(連結)	215	58	7.7	50
	コスモス薬品(連結)	148	29	6.0	23
	サツドラHD(連結)	172	41	0.8	41
	サンドラッグ	253	62	20.9	42
	薬王堂	119	27	5.0	22

フォーマット	社名	坪当たり 売上高	粗利益高	営業利益高	経費高
	8社平均	69	22	3.2	19
ホームセンター	ケーヨー	61	19		
	コーナン商事	74	27	4.6	23
	コメリ	48	14	1.8	12
	サンデー	60	17	0.2	17
	島忠	71	23	5.0	18
	ジュンテンドー	54	15	0.02	16
	DCMHD(連結)	58	19	2.8	16
	ハンズマン	124	38	8.4	30
バラエティストア	キャンドゥ	91	33	2.6	31
	セリア	98	42	9.8	32
衣料スーパー	しまむら	83	26	4.0	22
衣料	10社平均	130	65	7.3	64
	アダストリア(連結)	241	130	7.7	122
	シーズメン	169	79	0.9	78
	ジーンズメイト	157	73	1.6	72
	西松屋チェーン	63	23	1.6	21
	ハニーズHD(連結)	78	44	3.8	40
	パレモHD(連結)	86	48	2.6	45
	ファーストリテイリング(連結)	252	124	38.2	86
	ライトオン	97	47	1.7	45
靴	エービーシー・マート	233	130	50.5	80
	チヨダ	72	34	2.2	31
雑貨	HAPiNS	104	55	1.4	54
	良品計画	233	91	32.6	58
眼鏡	ジンズ	352	268	48.8	219
	ビジョナリーHD(連結)	243	155	8.1	147
スポーツ	3社平均	93	35	1.8	33
	アルペン	86	33	1.0	32
	ゼビオHD(連結)	119	45	2.9	42
	ヒマラヤ(連結)	76	26	1.6	24
家電	3社平均	164	44	5.2	39
	エディオン(連結)	230	67	5.7	61
	ケーズHD(連結)	122	34	5.8	28
	ZOA	140	31	4.1	27
書斎	三洋堂HD(連結)	60	18	0.09	18
	ニトリHD(連結)	103	55	16.0	39
テーブルサービスカジュアル	4社平均	123	86	5.4	79
	カルラ	80	55	0.5	55
	ココスジャパン	113		1.5	
	サイゼリヤ	136	86	5.6	80
	ジョリーパスタ	163	117	13.8	103
ディナー	木曽路	169	116	9.6	106
サービス業	イオンファンタジー	59	44	4.4	39
	田谷	171	157	0.2	157

当たり営業利益高は4〜7万円と、あるべき数値の2〜3分の1でしかないが、経費高が34〜36万円とさほど高くないため、このグループの中では比較的高い。

イトーヨーカ堂は1坪当たり192万円も売上げていても、粗利益高が44万円、経費高が43万円なので営業利益高が1万円しかないから、コスト・コントロールができていないと言えよう。

SMで最も経費高が高いのが関西スーパーマーケットの97万円、次いでいなげやの90万円である。

経費高が低いのは、バローHDの40万円だが、これは、SM以外のフォーマットの店舗を持っているためだ。総合的に判断すれば、注目すべきは、営業利益高8万円、経費高50万円の大黒天物産であろう。

DgSではサンドラッグが営業利益高20万円で目標とすべき15万円に達している。そして経費高が42万円と、サンドラッグは売場販売効率が高い割に、経費を抑えているので立派である。

経費高で最も低い数値を出しているのがGenky DrugStoresで19万円、続いて薬王堂22万円、コスモス薬品23万円で、この3社のみが30万円未満である。経費高50万円を超えているウエルシアHD、クリエイトSDHD、ココカラファインの3社はGenkyと薬王堂の2倍以上という数値だ。

HCで経費高が高いのはハンズマンだ。売上高が124万円もあるので、経費を30万円使っていても営業利益高が8.4万円と高い。一方、最も低いのはコメリで12万円だが、売上高も低いため営業利益高も低い。だからといってハンズマンのようにHCとしては破格の売上高を前提にしては多店化が進まない。アメリカのDSやバラエティストア（VS）のようにローコストを維持しながら売上高を70〜80万円確保したい。

衣料のフォーマットでは、衣料スーパーのしまむらとベビー・子供用品専門店の西松屋チェーンの経費高がいずれも20万円台と低い。ローコストオペレーションを徹底している代表企業だから、この2社から学べることは多い。ただし、両社ともにこの数年売上高が落ちているので業態及び品揃え改革が必要である。

経費高が最も高いのはアダストリアである。1坪当たり粗利益高が130万円とファーストリテイリングよりも高いのに経費も多く使っているため営業利益高は7.7万円に止まっている。そのファーストリテイリングは確かに営業利益高が38万円もあるが、経費高は86万円も使っているのだから、作

業・業務システムの面では参考にならない。

　その他の専門店とFSとサービス業は公表されている限り掲載したが、残念ながらその企業数が少ないため、評価できにくい状況となっている。

　このようにフォーマットごと企業ごとに数値には格差があるが、まず目標とすべきなのはその中の最も良い数値である。他社が実現していることなのだから、自社でも実現できるはずである。

　単に売上高が大きくて知名度も抜群といった企業が世間では評価されているが、その業務・作業システムなどを見習ったとしても、営業利益高の改善は見込めないことが分かる。

　くれぐれもストア・コンパリゾンをすべき相手を間違えないでほしい。

ローコストオペレーション：低コストで営業活動をする仕組み。売上高が低くてもそれ以上に営業経費が少なければ利益が確保できる。売上げを上げることに努力するよりローコストオペレーションシステムの構築の方が重要。「売れなくても儲かる店」なら商圏人口が少なくても店は成立するので店数が楽に増やせる。

商圏（人口）：商圏とはその店舗に実際に来ている客の８割が居住（通勤）する地域をさす。商圏人口とはその範囲内に居住する人口のこと。

中堅幹部がスラスラと
言えなければならない数字

　49ページで紹介した図表1－⑬は、それぞれの会社の数値を示したものだ。店舗ごとに数値は異なるので、ストア・コンパリゾンで観察する場合は、もう一歩踏み込んで、数値のいい企業の中でも、とくに優れている店舗を選ぶための情報を集めるくらいの意欲がほしい。

　であるなら、自分の所属する店舗の部門ごとの1坪当たり経費高と粗利益高だけでなく、営業利益高も常識として言えるくらいでなければならない。

　最近は店長でさえ、自分の店舗の売上高しか言えないようだ。同様に商品部のバイヤーも担当する部門または品種の1坪当たり粗利益高が言えなかったりする。

　中堅幹部となったなら、1坪当たりの粗利益高、さらには損益分岐点になるための売上高と粗利益高はどのくらいになるかは知っておくべきだ。

　また、わが社の店ごと、部門ごとの坪当たり粗利益高、営業利益高、経費高を算出するとともに、最大・最小の店間格差を検討し、ストア・コンパリゾンの材料として活用できる状況を作っておく必要がある。そもそも企業側がこのようなことを当たり前にできるような、中堅幹部育成教育を実施すべきであろう。

第 2 章

分配率は
コスト・コントロールの要

1

利潤分配率は
すべての企業の寿命を
教えてくれる

図表2−❶主要経営効率の計算公式とあるべき数値

番号	効率項目(単位)	計算公式	あるべき数値	許容範囲	限界
⑰	利潤分配率(%)	年経常利益高÷年営業総利益 (店段階では営業利益高÷年売上総利益)×100	20	15〜25	9以下
⑱	労働分配率(%)	年総人件費÷年売上総利益×100 　総人件費＝役員報酬、従業者給料・手当、 　従業者賞与、同引当繰入、法定福利厚生費、 　求人費、退職金、同引当繰入、教育訓練費	38	35〜40	42以上33以下
⑲	不動産費分配率(設備分配率)(%)	不動産にかかる{(保証金・権利金・敷金および土地・建物)×0.08＋年賃借料、地代家賃＋建物償却費}÷年売上総利益×100	18	15〜26	30以上13以下
⑳	販促分配率(%)	{年販促費(最終包装費・広告宣伝費・販売手数料も含む)}÷年売上総利益×100	6	5〜10	12以上3以下
	管理分配率(%) (上記以外の経費)		18	15〜24	26以上13以下
		合計　売上総利益(粗利益高)(%)	100	―	―
	このうち本部経費分	店段階では(本部・センター費分を差し引くため)	10	6〜20	25以上5以下
⑱'	労働分配率(%)		34	32〜36	38以上31以下
⑲'	不動産費分配率(%)		16	14〜24	25以上13以下

経費分配率はどんな企業でも80%以内に抑える

　収益性を知る数値の一つに「分配率」がある。粗利益高に占める利潤や経費の割合（％）のことだ。この数値を基に会社全体、事業種類ごと、店舗ごとというように業務の改善を行うのが分配率管理である。

　図表2−①のように、分配率のうち、粗利益高中の年経常利益高の割合を利潤分配率という。会社全体の数値を分析する際は経常利益高を使うが、店段階では営業利益高を使えばよい。

　次に経費の割合は経費分配率といい、経費分配率は、さらに次の四つに分けて考える。

　①労働分配率（人件費）

　②不動産費分配率（不動産・設備費）

③販促分配率（販売促進費）

④管理分配率（その他一般管理費）

④の管理分配率とは、経費総額から①～③の経費を差し引いて、残った経費の割合を言う。

それぞれの計算公式、あるべき数値、許容範囲、限界を図表２－①に紹介した。

分配率は、重視すべき順番に並べてある。その理由は、その順番に経費コントロール力が弱いからである。

以前から営業利益率、経費率（人件費率、販促費率など）は計数管理の指標として考えられてきたが、売上高との対比でとらえるため、業種やフォーマットによって数値が違いすぎて、経営管理の標準値や目標とする尺度として広く活用できなかった。

その点、粗利益対比で考えると、一定の数値が求められ、経営管理の尺度として用いることが可能となる。

つまり、どんなフォーマットだろうが、業種だろうが、すべての企業に当てはめて使うことができるのだ。食品小売業でも、服飾販売業、ハードグッズ販売業、フードサービス（FS）業、理・美容業、結婚式場、パチンコホール……どんな企業であってもそのまま適用できる。それこそが分配率管理の大きな特徴であり、重宝な経営指標であるゆえんである。

この章では、分配率をどう読み込んで、いかに活用していくかを説明する。

最初は効率番号⑰の利潤分配率。粗利益高（年売上総利益、企業によっては年営業総利益）に占める年経常利益高の割合である。店段階では、営業利益高を粗利益高（年売上総利益）で除して求める。

あるべき数値は20％。逆の見方をすれば、先に挙げた経費分配率①～④の合計のあるべき数値は80％と言うことができる。いかなるフォーマット、業種であっても、経費を粗利益高の80％に収まるようにコスト・コントロールをすれば良いということなのだ。

利潤分配率のあるべき数値は20％と書いたが、許容範囲となると15％から25％である。15％を割っていても10％以上を確保している企業は、３年間の中期経営計画を立て、15％を超える経営努力をして、さらにあるべき数値の20％にできるだけ早く近づく対策を講じ続けなければならない。

もし、この数値が９％を割っているようなら、経費が多すぎて極めて危険な状態に陥っている。赤字転落企業は、大体そうなる５年以上前から、９％

を割っていることが多い。それに対する改善策を講ずることができずに、赤字に転落してしまうのだ。

　こうならないためにも、まず会社全体、次に事業種類ごとに、さらには各店舗、商品大部門ごとに利潤分配率を算出する必要がある。もし９％を割っている事業種類や店舗があったら、ただちに抜本的な大手術を施さなければならない。それによって、企業の寿命を延ばすことができる。

　逆に利潤分配率が26％以上になっている場合は、将来に向かった経費、すなわち、いろいろな面で投資が行われていないか、遅れている恐れがある。これからのチェーンストアづくりに向けたワーク・デザインが足りないと判断できるのである。

　このように利潤分配率は、その数値が大きすぎても、小さすぎてもいけない。あるべき数値を維持することがポイントである。小さい場合はもちろんのこと、大きい数値であったとしても、将来への投資ができていないという点で、企業の寿命を考える重要な目安となる。

ワーク・デザイン：あるべき理想的なシステムをまず考察し、そのあと制限条件から
　実現可能な案に仕上げていくこと。

コスト・コントロール力が
営業利益率を左右している

　58ページからの図表2−②で上場流通企業の利潤分配率をもう少し詳しく見ていこう。

　日本型スーパーストア（日ス）であるべき数値の20％を超えているのは、サンエーの21.8％のみである。許容範囲まであと一歩というのがイズミ、さらに中期経営計画を立て15％へと経営努力をしなければならないのが、イオン北海道とフジと平和堂だ。残りの各社はほとんどが2％を割る企業ばかりである。大手企業はいずれも経費を使いすぎている。

　非食品主力総合ではパン・パシフィック・インターナショナルホールディングス（HD）が23.4％。

　スーパーマーケット（SM）で、あるべき数値の20％を超えるのは1社もない。15％以上の許容範囲にあるのがエコスとベルク、あと1歩組はアクシアルリテイリング、大黒天物産、ハローズである。

　ドラッグストア（DgS）では4社が20％を超え、そのうち許容範囲である25％をも突破しているのはサンドラッグ1社だ。

　ホームセンター（HC）の合格企業は、アークランドサカモト、島忠、ジョイフル本田、ハンズマンで、許容範囲にあるのが、LIXILビバである。

　バラエティストア（VS）ではセリアが22.8％と高い。

　衣料では20％を超えているのが、ファーストリテイリングとTOKYO BASE、15％を超えているのが、しまむら、オンリーである。それ以外の専門店で20％を超えているのは、エービーシー・マート（靴）、良品計画（雑貨）、NEW ART HD（宝飾）、ヨンドシーHD（宝飾）、ノジマ（家電）、カッシーナ・イクスシー（家具）、ニトリHD（家具）、やまや（酒）、ワークマン（作業服）。

　FSではアークランドサービスHD、壱番屋、コメダHD、サービス業ではコシダカHDなどがある。

　なお、ワークマンとFS業各社とコシダカHDはフランチャイズ・チェーン（FC）方式による経営によって、直営方式のチェーンストアとは利益構造が異なるため、高い利潤分配率となっている。

　次に上場流通企業の利潤分配率がどのような分布になっているかをフォーマット別に見たのが、61ページの図表2−③である。合格圏内にある15％以

図表2−❷上場流通企業の総売上高比収益率

註：色文字は、利潤分配率20％超の優秀マネジメント
単位：%

フォーマット	社名	総売上高比		
		粗利益率	営業利益率	利潤分配率
日本型スーパーストア	イオン九州	28.1	0.02	0.3
	イオン北海道	27.7	4.0	11.6
	イオンリテール(非上場)	26.4	0.5	1.7
	イズミ	18.7	4.2	18.8
	イトーヨーカ堂(非上場)	23.1	0.3	1.9
	サンエー	31.3	6.8	21.8
	フジ	18.7	1.8	9.5
	平和堂	26.9	2.8	10.2
総合	パン・パシフィック・インターナショナルHD(連結)	23.6	5.4	23.4
	ミスターマックス・HD(連結)	21.7	2.1	9.2
	ジェーソン	26.5	2.8	11.3
スーパーマーケット	アークス(連結)	24.6	2.8	12.5
	アオキスーパー	15.0	1.5	8.5
	アクシアル リテイリング(連結)	24.3	4.0	14.4
	アルビス	29.4	3.0	11.6
	いなげや	28.9	0.4	1.8
	エコス	25.7	2.8	15.2
	オークワ	25.5	1.0	4.0
	関西スーパーマーケット	24.4	1.3	7.6
	ジャパンミート	28.0	3.4	13.8
	ダイイチ	24.3	3.1	12.4
	大黒天物産(連結)	23.3	3.1	14.0
	天満屋ストア	21.3	2.8	13.0
	ドミー	25.7	0.6	3.7
	ハローズ	25.1	3.8	14.3
	バローHD(連結)	24.8	2.5	10.3
	ベルク	25.4	4.0	16.4
	北雄ラッキー	25.6	0.9	3.7
	マックスバリュ九州	23.8	1.3	5.4
	マックスバリュ中部	25.7	1.9	7.1
	マックスバリュ東海	24.8	2.4	9.2
	マックスバリュ東北	23.1	0.8	3.5
	マックスバリュ西日本	23.6	1.0	4.5
	マックスバリュ北海道	22.0	1.0	4.5
	マミーマート	23.4	1.5	8.4
	マルヨシセンター	23.9	0.3	0.7
	ヤオコー	27.7	4.2	13.5
	ヤマザワ	23.9	0.1	0.7
	ヤマナカ	24.7	0.6	2.7
	ユナイテッド・スーパーマーケット・HD(連結)	28.6	1.7	5.8
	ヨークベニマル(非上場)	23.5	2.8	12.5
	ライフコーポレーション	28.7	1.7	5.9
	リテールパートナーズ(連結)	22.9	2.1	10.2
ドラッグストア	ウエルシアHD(連結)	30.3	3.7	13.3
	カワチ薬品(連結)	21.5	1.4	9.6
	キリン堂HD(連結)	26.5	1.5	8.5
	クスリのアオキHD(連結)	28.6	5.6	20.3
	クリエイトSDHD(連結)	27.4	5.1	19.3

フォーマット	社名	総売上高比		
		粗利益率	営業利益率	利潤分配率
ドラッグストア	Genky DrugStores(連結)	23.0	4.3	19.9
	ココカラファイン(連結)	27.0	3.2	14.0
	コスモス薬品(連結)	19.7	4.0	22.8
	サツドラHD(連結)	24.2	0.5	2.1
	サンドラッグ	24.8	6.7	27.1
	スギHD(連結)	29.1	5.2	19.1
	ツルハHD(連結)	28.6	5.3	19.3
	マツモトキヨシHD(連結)	30.7	6.2	21.7
	薬王堂	23.3	4.2	19.7
ホームセンター	アークランドサカモト	32.6	7.4	26.5
	アレンザHD(連結)	31.3	0.4	2.5
	エンチョー	28.7	1.4	3.4
	カンセキ	28.6	3.8	11.2
	コーナン商事	37.3	6.0	14.1
	コメリ	29.4	3.8	13.7
	サンデー	28.6	0.3	1.5
	島忠	32.9	6.7	20.1
	ジョイフル本田	26.5	6.0	22.6
	セキチュー	28.2	1.1	4.5
	DCMHD(連結)	32.8	4.7	13.1
	ナフコ	32.0	3.1	10.5
	ハンズマン	31.2	6.7	23.9
	LIXILビバ	32.8	5.7	15.2
バラエティストア	キャンドゥ	37.0	2.6	7.2
	セリア	43.2	9.8	22.8
	ワッツ(連結)	37.9	1.9	5.5
衣料スーパー	しまむら	31.7	4.8	15.2
紳士服	AOKIHD(連結)	43.1	6.9	14.2
	青山商事	58.5	6.8	11.6
	オンリー	60.6	6.9	19.3
	コナカ	60.8	0.1	2.2
	はるやまHD(連結)	57.4	3.2	6.7
衣料専門店	アダストリア(連結)	53.9	3.2	6.1
	タビオ	55.8	3.2	6.3
	TOKYO BASE	50.4	10.0	20.0
	ナルミヤ・インターナショナル	53.6	5.4	9.4
	西松屋チェーン	36.2	2.6	7.8
	ハニーズHD(連結)	57.1	4.9	9.5
	パルグループHD(連結)	55.7	6.0	10.7
	パレモHD(連結)	55.7	3.0	5.5
	ファーストリテイリング(連結)	49.2	11.8	23.1
	ユナイテッドアローズ	50.9	5.9	14.1
	ライトオン	48.4	1.7	2.6
	ワールド(連結)	57.9	6.5	9.3
靴	エービーシー・マート	55.9	20.0	37.4
	ジーフット	46.2	0.3	0.7
	チヨダ	46.7	3.0	8.3
雑貨	ヴィレッジヴァンガードコーポレーション	37.9	1.3	3.0
	HAPiNS	53.3	1.3	1.2
	良品計画	39.1	8.4	31.9

フォーマット	社名	総売上高比 粗利益率	営業利益率	利潤分配率
眼鏡	愛眼	68.6	1.3	2.7
	ジンズ	76.1	13.7	16.8
	三城HD（連結）	67.0	0.2	0.6
	ビジョナリーHD（連結）	63.9	3.2	4.2
宝飾	エステールHD（連結）	61.6	4.2	6.7
	ツツミ	53.2	5.2	10.5
	NEW ART HD（連結）	60.9	14.3	22.2
	ベリテ	57.9	7.0	11.6
	ヨンドシーHD（連結）	57.6	10.5	25.0
スポーツ	アルペン	38.7	1.2	4.8
	ゼビオHD（連結）	37.9	2.4	7.6
	ヒマラヤ（連結）	34.9	1.7	5.5
家電	エディオン（連結）	29.1	2.4	9.0
	ケーズHD（連結）	28.1	4.7	19.8
	コジマ	27.1	1.7	6.7
	上新電機	25.8	2.3	9.2
	ノジマ	29.8	4.9	20.5
	ピーシーデポコーポレーション	48.8	5.6	13.9
	ビックカメラ	27.7	3.3	13.4
	ヤマダ電機	24.6	1.4	7.5
書籍	三洋堂HD（連結）	30.1	0.1	1.0
家具	カッシーナ・イクスシー	49.7	10.0	20.3
	ニトリHD（連結）	54.5	16.5	31.0
惣菜	オリジン東秀（非上場）	63.3	5.8	9.3
	柿安本店	57.7	5.2	9.4
	ロック・フィールド	58.3	4.8	8.4
その他	あさひ	50.2	6.8	13.9
	魚力	41.5	3.5	10.0
	オーエムツーネットワーク（連結）	40.2	4.3	11.4
	ハークスレイ	41.8	0.8	12.8
	ハウスオブローゼ	71.0	5.1	7.2
	はせがわ	63.9	1.6	1.9
	やまや	21.0	4.9	23.9
	ワークマン	16.0	20.1	58.5
リサイクル	トレジャー・ファクトリー	63.6	5.4	9.0
	ハードオフコーポレーション	70.6	6.6	10.7
	ブックオフグループHD（連結）	59.2	1.9	4.3
流通業その他	ゲオHD	41.6	5.3	14.4
FS	SRSHD（連結）	66.0	2.2	3.3
	王将フードサービス	70.1	8.5	12.8
	カルラ	68.8	0.6	1.3
	グルメ杵屋（連結）	38.5	1.7	4.7
	ココスジャパン	67.0	1.3	2.3
	サイゼリヤ	63.3	4.1	7.6
	サガミHD（連結）	69.6	2.6	4.1
	ジョリーパスタ	71.9	8.4	12.0
	すかいらーくHD（連結）	68.8	6.6	7.2
	ブロンコビリー	72.7	11.5	16.3
	ライフフーズ	66.8	1.2	2.5
	ロイヤルHD（連結）	68.2	4.1	6.0

フォーマット	社名	総売上高比 粗利益率	営業利益率	利潤分配率
ディナー	あさくま	57.7	7.7	14.2
	梅の花（連結）	66.1	1.2	1.2
	木曽路	68.6	5.7	8.2
	DDHD（連結）	75.8	4.1	5.7
	東和フードサービス	73.2	4.3	6.5
	ホリイフードサービス	73.7	4.5	6.2
焼肉	あみやき亭	61.9	8.6	15.0
	物語コーポレーション	65.5	6.3	11.3
回転寿司	カッパ・クリエイト（連結）	50.9	0.8	1.9
	くらコーポレーション	53.5	4.9	10.5
	元気寿司	58.0	5.5	9.6
	スシローグローバルHD（連結）	51.8	6.9	12.6
	銚子丸	59.1	4.8	8.5
麺・丼	幸楽苑HD（連結）	71.6	3.9	5.3
	力の源HD（連結）	71.5	3.4	4.6
	トリドールHD（連結）	73.0	5.0	1.2
	ハイデイ日高	73.0	11.3	15.3
	松屋フーズHD（連結）	67.1	3.9	6.3
	リンガーハット（連結）	67.0	5.1	7.2
多業態 FS	アトム（連結）	66.8	3.0	4.6
	クリエイト・レストランツ・HD（連結）	71.1	4.9	4.3
	コロワイド（連結）	56.7	3.4	1.9
	サンマルクHD（連結）	78.2	9.1	11.9
	ゼンショーHD（連結）	57.0	3.0	5.2
	吉野家HD（連結）	64.0	0.05	0.1
	ワタミ（連結）	57.7	1.1	2.2
FC主力	アークランドサービスHD（連結）	52.0	13.4	25.9
	壱番屋	42.0	9.7	24.3
	大戸屋HD（連結）	56.8	1.6	3.1
	ギフト	68.9	12.3	19.9
	コメダHD（連結）	37.2	24.7	66.0
	ドトール・日レスHD（連結）	60.6	7.8	13.1
	日本KFCHD（連結）	43.7	2.9	8.2
	日本マクドナルドHD（連結）	64.2	9.2	12.5
	ハチバン	48.8	3.3	9.1
	B-Rサーティワンアイスクリーム	37.2	2.2	5.7
	フジオフードシステム	64.1	6.4	9.7
	ペッパーフードサービス	42.6	7.6	17.9
	モスフードサービス	39.4	1.6	4.4
居酒屋	SFPHD（連結）	71.5	7.7	11.9
	串カツ田中HD（連結）	57.4	7.3	15.0
	チムニー	66.1	5.5	8.2
	テンアライド	73.0	1.4	2.2
	鳥貴族	69.6	4.9	6.8
	ヨシックス	68.0	11.6	19.6
サービス業	イオンファンタジー	74.0	7.3	9.9
	エイジス		17.5	18.4
	コシダカHD（連結）	27.0	12.7	49.1
	スタジオアリス	86.2	8.3	9.6

上は全体の18.1%でしかない。一方、赤字と10%未満は63.1%と大半を占めている。業種別でもその傾向は同様で、小売業やFSに特有性はない。

61ページの図表2－④はフォーマットごとの最大・最小値と平均値である。2010年の平均値も記載した。

上からいくつか見ていこう。日本型スーパーストアは2010年と比べて数値が良くなってはいるが、10%には届いていない。まだまだコスト・コントロール力が機能していないことが分かる。

SMは2010年とほとんど変化なく、低い水準のままである。

DgSはかなり改善されている。

HCとVSは2010年よりも若干良くなっている。

専門店では紳士服、衣料、靴、雑貨が2010年よりも悪化している。特にひどいのがスポーツである。逆に良くなっているのは宝飾と家電である。

FSは居酒屋以外2010年より若干下がっている。

利潤分配率の悪化はコスト・コントロール力の弱体化によるものだ。往々にしてこのコスト・コントロール力の低下を景気による売上高減少や、経済情勢の変化によるコスト上昇のせいにする傾向があるが、それは間違いである。外部環境のせいならば、各社均等に利潤分配率が下がっていなければならないわけだが、実際にはそうはなっていないからだ。表の最大と最小の数値が示すように、同一フォーマットでもこれほど大きな格差がつくのは、コスト・コントロール力つまりマネジメント力の格差によるものなのである。

あるべき数値に達していない企業は、人件費、不動産・設備、販促の3つの分野で、断固としたコスト・コントロールの原則を打ち出し、その適用の際に例外を確実に減らしていくことが肝要なのだ。事業種類ごとに分配率管理を徹底し、削減すべき金額を明確に計算しなければならない。その際、13週ごと、四半期ごとというように期間を定めたり、地域グループごと、店舗ごと、部門ごとというように管理の対象を狭めたりして、コスト対策をより具体的に、細かに徹底することが重要である。その積み重ねが、経費分配率の低下、すなわち利潤分配率の向上をもたらし、延いては営業利益率にもプラスに作用するのである。

フランチャイズ・チェーン（FC）：企業間の経営契約で多店数営業をするチェーン。本部が加盟店に事業許可をし指導と統制しロイヤルティをとる。

図表2−❸ 上場流通企業利潤分配率の分布

単位：企業数

		利潤分配率				
		◎ 20%以上	○ 15%以上	△ 10%以上	× 0%以上	×× 赤字
集計企業数	総計			266		
	計	26	22	50	144	24
	構成比(%)	9.8	8.3	18.8	54.1	9.0
業種	小売業	22	14	39	79	14
	フードサービス	3	7	11	61	10
	サービス	1	1	0	4	0

図表2−❹ 上場流通企業のフォーマット別利潤分配率

単位：%

フォーマット			2019年			2010年
			平均	最大	最小	平均
日本型スーパーストア			9.5	21.8	0.3	5.9
スーパーマーケット			8.5	16.4	0.7	8.2
ドラッグストア			16.9	27.1	2.1	13.9
ホームセンター			13.1	26.5	1.5	9.5
バラエティストア			11.8	22.8	5.5	9.2
専門店		紳士服	10.8	19.3	2.2	11.4
		衣料	9.1	23.1	0.6	13.2
		靴	15.5	37.4	0.7	18.3
		雑貨	9.9	31.9	1.2	12.5
		眼鏡	6.1	16.8	0.6	
		宝飾	12.7	25.0	0.5	8.2
		スポーツ	5.9	7.6	4.8	12.8
		家電	12.9	20.5	6.7	11.4
		書籍				10.0
		家具	19.4	31.0	7.0	
リサイクル			8.1	13.1	3.1	11.3
フードサービス	テーブルサービス	カジュアル	6.4	16.3	1.3	7.2
	直営主力	回転寿司	8.6	12.6	1.9	8.9
		麺・丼	6.4	15.3	1.2	7.3
		居酒屋	7.3	19.6	0.1	6.5

2
最も比重が高い労働分配率はコントロールもむずかしい

労働分配率が42%を超えると危険域

　経費分配率を80％以内に抑えることで収益力を高める際に、いちばんコントロールしにくいのが労働分配率である。この数値（％）は、図表2－①のように労働コストの合計、つまり総人件費を粗利益高（年売上総利益高）で除して算出する。

　この労働コストに含まれるのは、図表にあるように従業者の給料・手当、賞与はもちろん、福利厚生費、教育訓練費、求人費、退職金、そして役員報酬など、とにかく労働に関するすべての費用である。

　といっても、上場企業の有価証券報告書（有報）を見ても、いまここで挙げた費用をすべて把握することはできない。計算が可能なのは、賃金（従業者給料・手当、従業者賞与、役員報酬）分配率だけだ。しかし、この賃金分配率を1.2〜1.3倍すると、労働分配率と10％も誤差がないことが、これまでの調査データで分かっている。そこで、私どもでは上場企業の場合は有報から賃金分配率を算出し、その数値を1.2倍して換算した数値を便宜上労働分配率として使用することにしている。

　こうして求めた上場流通企業のフォーマット別労働分配率が次ページの図表2－⑤である。

　労働分配率のあるべき数値は、粗利益高の38％だ。この数値が42％を超えるか33％に達しないと危険域（限界）と見なして、ただちに経営の大手術に入らなければならない。35％から40％に収まっている場合は許容範囲で、これ以上数値が上がらないように業務・作業システム改善を検討課題とすれば良い。

　そこで図表2－⑤であるが、日スの平均が36.4％、SMは43.6％となっている。これだけを見ると、日スは許容範囲に収まっていて合格点をあげることができそうだが、実態はそうではない。日スの場合、分母である粗利益高

図表2-❺上場流通企業のフォーマット別労働分配率

註：労働分配率は賃金分配率を1.2倍した推定値
単位：％

フォーマット			平均	最大	最小
日本型スーパーストア			36.4	42.6	28.1
スーパーマーケット			43.6	52.0	28.1
ドラッグストア			38.7	46.7	28.7
ホームセンター			36.7	45.5	24.6
バラエティストア			38.8	42.2	35.5
専門店		紳士服	31.3	40.6	26.7
		衣料	34.4	49.6	19.2
		呉服	39.4	44.9	31.3
		靴	32.4	40.0	20.5
		雑貨	39.2	47.4	27.7
		眼鏡	39.6	49.0	28.8
		宝飾	34.4	42.7	19.4
		スポーツ	34.4	36.3	31.1
		家電	27.1	36.6	13.6
		書籍	45.9	48.6	43.4
		家具	31.5	48.3	24.8
リサイクル			39.0	43.9	27.9
フードサービス	テーブルサービス	カジュアル	52.5	59.8	41.6
		ディナー	47.4	59.2	38.7
	直営主力	回転寿司	56.7	60.4	54.1
		麺・丼	50.0	53.5	45.5
		居酒屋	49.0	56.6	43.5

に不動産収入が含まれていて、実際に直営の小売業（物販）で稼いだ粗利益高を分母にすると、SMとほぼ同じ数値になってしまう。しかもベンダー（仕入先、納入業者）からの派遣店員も多い。つまり、日スもSMも、ともに緊急大手術を必要とする状態なのである。

　日ス、SMは店舗数、売上高などで日本のビッグストアを代表するフォーマットなのだが、ともに収益性が低い。その原因はひとえに労働分配率が高過ぎる点にある。SMは約43.6％だから、あるべき数値38％を差し引きして粗利益の5.6％に相当する人件費を削減しなければならないことになる。これは現時点の労働コストのうち、おおよそ13％に相当する。つまり8分の1近くのカットをするという改革が必要なのだ。

　とくにSMの労働分配率を商品部門別に分析してみると、青果と鮮魚部門で絶望的な数値を示している。そのうえ今、各社が強化している総菜部門も急激な人件費拡大の大きな原因となっている。いくら現場の技術水準を上げるために資格試験制度などを取り入れたりしても、結果として労働分配率を押し上げるような業務・作業システムをもたらしてしまっているのならば、企業存続の視点からは大問題である。

ほかのフォーマットも見ていこう。

専門店の書籍とフードサービス（FS）は真剣に本格的な対策を練らない
と、赤字に転落する企業や経営が危うくなる企業が続出することは間違いな
い。家電は低い数値だが、メーカーからの派遣店員が多いため実態とはいえ
ない。

この中で特にFSは、ほぼ50%超である。いちばん労働コストが低くなけ
ればならないファスト・フードサービス（FFS）の代表である直営主力の
麺・丼が50.0%。チェーンストア経営の計数管理の面から見れば、倒産寸前
と考えるのが常識だ。

その一方で、衣料、靴、宝飾は、以前よりも低くなり、この数年前向きな
経営努力を続けていると言えよう。

図表2－⑤で、合格しているのはDgS、HC、VS、紳士服、衣料、靴、雑
貨、眼鏡、宝飾、スポーツ、家具、リサイクルである。

有価証券報告書：金融商品取引法に基づいて会社が開示する書類。事業年度ごとに会
　社の商号、会社の属する企業集団及び会社の経理の状況及びその他事業内容に関す
　る重要な事項を記載する。
決算短信：金融商品取引所の規則に基づいて、上場会社が有価証券報告書を提出する
　前に適時開示（速報として）する決算情報。
　上記の法規はいずれも投資家保護を目的とする。
決算公告：会社法に基づいて株式会社（有価証券報告書提出会社を除く）が計算書類
　を公開すること。利害関係者への情報公開が目的。

店舗ごとの労働分配率は34％を目標とする

　さらに詳しく上場流通企業の労働分配率を各社の有価証券報告書から算出したのが、66ページからの図表２−⑥である。

　赤字経営から脱却し、さらに収益力を高めるためには、労働分配率が42％を超えている部門を洗い出し、業務・作業システムを大胆に変えなければならない。既存店の活性化を図るといって、売上高を話題にしても効果は乏しい。収益力をメルクマールとしたければ、当然にここでいう労働分配率を店ごと部門ごとに計算してみることによってのみ、あるべき作業体系の抜本的な変更へと発展するのである。

　見落としてはならぬ大事な問題は、店段階では、労働分配率のあるべき数値が先述よりも厳しくなることを承知しておくことである。

　つまり、店段階における労働分配率のあるべき数値は38％から34％へと大きく減少する。というのは、企業全体で見た場合の労働分配率に含まれている本部や物流センターの経費分を、店舗ごとに計算を行なった場合は、案分して差し引くことになり、その結果、あるべき数値が減少するのである。

　この目安を使えば、深夜営業の時間帯ごとの是非も判断できるし、エリアマネジャーの巡回指導、店長や部門長はもちろんレジ要員の人件費、さらにはフルタイマーやパートタイマーの時間帯別配置の適否が明確になる。なぜなら一時間ごとに確保できる粗利益高の34％、つまり３分の１しか人件費には投入できないからだ。つまり曜日ごと日ごと、時間帯ごとに使える人件費の上限枠が決まってしまうのである。売上高増は、そう簡単に見込めない以上、まずこの問題に緊急に取り組むべきだ。そうすればいかにこれまでのわが社の経営政策が利益確保には無関心で、違う方向の努力ばかりしてきたかが分かるであろう。

エリアマネジャー：チェーンストアの競争では、大量出店と囲い込みによる市場シェアの奪い合いが起こり、店長による個店対応では立ち向かえない。そこで競争対策は、エリア単位（大型店ならば10店、小型店ならば15〜20店）で行う必要がある。その指揮者となる職位がエリアマネジャーである。担当エリア全体の営業対策を計画し実施することの他、ストアマネジャーの上司として命令と教育をすることも任務となる。

図表2-❻ 上場流通企業の労働分配率

註：労働分配率は賃金分配率を1.2倍した推定値
単位：%

フォーマット		社名	労働分配率	フォーマット		社名	労働分配率
スーパーストア	日本型	イオン九州	41.8	ドラッグストア		ココカラファイン（連結）	44.1
		イオン北海道	36.6			コスモス薬品（連結）	40.9
		イズミ	28.1			サンドラッグ	28.7
		イトーヨーカ堂（非上場）	41.3			スギHD（連結）	41.2
		フジ	28.5			ツルハHD（連結）	39.3
		平和堂	42.6			マツモトキヨシHD（連結）	32.7
	総合	Olympicグループ（連結）	43.5			薬王堂	34.4
		PLANT	50.7	ホームセンター		アークランドサカモト	35.0
		マキヤ（連結）	37.5			アレンザHD（連結）	39.5
		パン・パシフィック・インターナショナルHD（連結）	35.3			エンチョー	38.8
						カンセキ	37.2
		ミスターマックス・HD（連結）	28.3			ケーヨー	45.4
		ジェーソン	42.4			コーナン商事	24.6
スーパーマーケット		アークス（連結）	43.3			コメリ	36.0
		アオキスーパー	44.5			サンデー	39.2
		アクシアル リテイリング（連結）	46.8			島忠	28.4
		アルビス	33.8			ジュンテンドー	38.1
		いなげや	48.3			ジョイフル本田	45.5
		エコス	46.7			セキチュー	35.0
		オークワ	40.8			DCMHD（連結）	34.4
		関西スーパーマーケット	46.5			ナフコ	34.6
		ジャパンミート	33.3			ハンズマン	41.8
		ダイイチ	39.6			LIXILビバ	34.4
		大黒天物産（連結）	42.8	バラエティストア		キャンドゥ	42.2
		天満屋ストア	28.1			セリア	35.3
		ドミー	38.1			ワッツ（連結）	39.0
		ハローズ	40.8	衣料スーパー		しまむら	37.9
		バローHD（連結）	45.0	専門店	紳士服	AOKIHD（連結）	26.7
		ベルク	33.2			青山商事	28.3
		北雄ラッキー	48.8			オンリー	28.4
		マックスバリュ九州	48.5			コナカ	32.9
		マックスバリュ中部	41.2			はるやまHD（連結）	30.8
		マックスバリュ東海	46.9		衣料	アダストリア（連結）	31.6
		マックスバリュ東北	48.0			タビオ	33.5
		マックスバリュ西日本	47.5			TOKYO BASE	19.2
		マックスバリュ北海道	49.4			ナルミヤ・インターナショナル	40.1
		マミーマート	41.7			西松屋チェーン	32.6
		マルヨシセンター	52.0			ハニーズHD（連結）	35.7
		ヤオコー	43.5			バルグループHD（連結）	30.7
		ヤマザワ	45.6			パレモHD（連結）	49.6
		ヤマナカ	44.1			ファーストリテイリング（連結）	32.5
		ユナイテッド・スーパーマーケット・HD（連結）	46.7			マックハウス	37.7
						ユナイテッドアローズ	28.2
		ヨークベニマル（非上場）	45.5			ライトオン	30.5
		ライフコーポレーション	42.5			ワールド（連結）	37.9
		リテールパートナーズ（連結）	47.1		靴	エービーシー・マート	20.5
ドラッグストア		ウエルシアHD（連結）	43.3			ジーフット	40.0
		カワチ薬品（連結）	46.5			チヨダ	36.6
		キリン堂HD（連結）	46.7		雑貨	ヴィレッジヴァンガードコーポレーション	47.4
		クリエイトSDHD（連結）	37.9			HAPiNS	41.3
		Genky DrugStores（連結）	29.0			良品計画	27.7

フォーマット		社名	労働 分配率
専門店	眼鏡	愛眼	42.6
		ジンズ	28.8
		三城HD（連結）	49.0
		ビジョナリーHD（連結）	38.3
	宝飾	ツツミ	42.7
		NEW ART HD（連結）	19.4
		ベリテ	37.6
	スポーツ	アルペン	36.0
		ゼビオHD（連結）	36.3
		ヒマラヤ（連結）	31.1
	家電	エディオン（連結）	33.0
		ケーズHD（連結）	26.7
		コジマ	16.6
		上新電機	29.1
		ノジマ	31.4
		ピーシーデポコーポレーション	34.6
		ビックカメラ	13.6
		ヤマダ電機	26.6
	書籍	三洋堂HD（連結）	45.9
		トップカルチャー	43.4
		文教堂グループHD（連結）	48.6
	家具	大塚家具	48.3
		カッシーナ・イクスシー	24.8
		ニトリHD（連結）	24.9
		ミサワ	28.5
	惣菜	オリジン東秀（非上場）	54.9
		柿安本店	50.3
	その他	あさひ	35.8
		魚喜	50.8
		魚力	43.3
		オーエムツーネットワーク（連結）	40.9
		サマンサタバサジャパンリミテッド	36.1
		ハークスレイ	44.6
		ハウスオブローゼ	39.4
		はせがわ	41.7
		藤久	40.6
		やまや	37.8
		ワークマン	10.0
リサイクル		トレジャー・ファクトリー	41.8
		ハードオフコーポレーション	42.8
		ブックオフグループHD（連結）	43.9
流通業その他		ゲオHD	41.3
FS	テーブルサービスカジュアル	SRSHD（連結）	55.9
		王将フードサービス	51.0
		カルラ	54.0
		ココスジャパン	45.7
		サイゼリヤ	51.6
		サガミHD（連結）	59.2
		ジョリーパスタ	42.6
		すかいらーくHD（連結）	52.8
		ブロンコビリー	41.6
		ライフフーズ	57.8

フォーマット		社名	労働 分配率
FS	ディナー	あさくま	43.4
		梅の花（連結）	51.0
		木曽路	52.2
		きちり	44.4
		WDI（連結）	43.9
		DDHD（連結）	42.9
		ホリイフードサービス	50.1
	焼肉	安楽亭	54.6
		物語コーポレーション	46.1
	回転寿司	くらコーポレーション	55.7
		元気寿司	54.1
		スシローグローバルHD（連結）	60.4
	麺・丼	力の源HD（連結）	45.5
		ハイデイ日高	51.2
		丸千代山岡家	53.5
	多業態	アトム（連結）	50.1
		クリエイト・レストランツ・HD（連結）	50.6
		サンマルクHD（連結）	43.8
	FC主力	アークランドサービスHD（連結）	36.2
		壱番屋	39.4
		大戸屋HD（連結）	54.6
		ギフト	37.9
		小僧寿し（連結）	69.0
		日本KFCHD（連結）	37.2
		日本マクドナルドHD（連結）	34.2
		B-Rサーティワンアイスクリーム	20.4
		フジオフードシステム	39.8
		ペッパーフードサービス	41.1
		モスフードサービス	24.8
	コーヒールーム	銀座ルノアール	41.8
	居酒屋	エービーカンパニー	53.0
		SFPHD（連結）	45.4
		串カツ田中HD（連結）	43.5
		チムニー	43.5
		テンアライド	50.4
		鳥貴族	56.6
		マルシェ	45.0
		ヨシックス	52.9
サービス業		イオンファンタジー	35.0
		エイジス	56.0
		スタジオアリス	41.2
		田谷	68.7

3

不動産費分配率が高いと
閉店まで苦労する

倒産は不動産費分配率が
１年で急上昇したときにやって来る

経費分配率の中で、労働分配率の次にコントロールしにくいのが不動産費分配率である。設備分配率とも言う。

分母は粗利益高、分子は不動産を含むあらゆる設備コストである。

損益計算書での直接的なコストは賃借料（リース料）、地代家賃、建物の減価償却費である。賃借料には、商業集積の場合の共益費や共同販促費、駐車場分担金なども含まれる。

さらに、それらとは別に計算しておきたいのが不動産としての直接投資がもたらす金利コストだ。具体的には、保証金・権利金・敷金、さらに購入した土地や建物代金の借入れ資金コストも分子に加えるのだ。これは急速多店化は借入れを前提とするため、先の資産分すべての資金を借りたと仮定して金利８％分をコストに算入する。８％はマイナス金利の現在では高すぎるけれども、50年前からの計算公式なので今のところ続行している。その計算公式は、54ページの図表２−①を見てほしい。

その図表にも記したが、不動産費（設備）分配率のあるべき数値は18％で、許容範囲は15％から26％としている。

この数値が、30％を超えると危険水域に足を踏み入れたことになり、十分警戒しなければならない。不動産投資が適正かどうかを専門家に診断してもらうことが望ましい。もし40％を突破した場合は、経営の危機としてただちに投資額の大きい不採算店を閉店するという本格的な大手術をしなければならない。企業の倒産は、この不動産費分配率が１年以内に、40％前半から46％突破へ一気に上昇した場合にやって来るのがほとんどなのだ。

逆に、不動産費分配率が13％を下回ることもしばしばある。これもけっして自慢すべき数値ではない。なぜならそれは新店を作っていないためだか

らだ。往々にして、2000年以前に開店した店舗ばかりという企業に多い数値だ。つまり老朽化した店ばかりなのである。

これまでの商業経営では実質償却が終了した店は"大儲けの店"と評価されがちであった。あとはどんどん儲かるだけ、こんないい店はないというわけである。

しかし、客観的な立地価値としての評価が低いだけではなく、設備そのものがすでに老朽化し、だからといって新しいフォーマットに転換することもできないので、販売設備としては極めて非効率になっているのである。古い設備の不便さや、古いままで硬直した作業動線から派生する作業コストと設備の維持修理コストのほうが割高についてしまう。

したがって、不動産費分配率が15％未満になったら、それは寿命が来ているという証である。もともと建物に付属する機器類は10年から15年で取り替えるべきで、築年数が20年を過ぎたら、全面的な大改造をして設備を総入れ替えしなければならない。

この種の決定はトップや経営幹部の仕事である。一人の部長や課長だけの判断に任せてはいけない。物件ごとに不動産費分配率と店舗年齢を算出して、どこから手術を始めるかを上層部が判断すべきである。

次ページからの図表２－⑦で実例を見ていこう。

日スで不動産費分配率がいちばん低いのはイオン北海道の25.0％だ。その一方で、30％を超える企業が２社もある。大型の店舗が多いため、投資（資産）額も大きいからだ。

SMの場合は概ね許容範囲内に収まっている。ハローズ、ベルク、ヤオコーなどは新店の数が多いにもかかわらず低めに抑えている。大黒天物産とヨークベニマルは数値を発表していないが、同様に新店数が多くてもコントロールしている企業である。

イオングループのマックスバリュはショッピングセンター（SC）開発をグループのディベローパー会社が担うため、負担が軽くなっている。

一方、30％を超える企業が３社ある。

DgSは残念ながら、有報からでは不動産費を把握できない連結決算企業が多いため、フォーマットとしての実態は分からない。

HCは日本型スーパーストアと同様の理由で不動産費分配率が高い企業が多い。許容範囲内に収まっているのはハンズマン１社である。店舗数が11店しかなく、新店が作られないからだ。

図表2-❼上場流通企業の不動産費分配率と総資本回転率

註：(イ)不動産費分配率の─は非公表
　　(ロ)色文字は不動産費分配率15％以上26％以下で、総資本回転率が小売業は2.5回以上、FS業は1.5回以上
単位：％、回／年

フォーマット	社名	不動産費分配率	総資本回転率	フォーマット	社名	不動産費分配率	総資本回転率
日本型スーパーストア	イオン九州	29.2	2.1	ドラッグストア	クスリのアオキHD（連結）	—	1.8
	イオン北海道	25.0	2.0		クリエイトSDHD（連結）	—	2.2
	イズミ	33.8	1.6		Genky DrugStores（連結）	—	1.5
	イトーヨーカ堂（非上場）	—	1.7		ココカラファイン（連結）	—	2.3
	フジ	30.5	2.0		コスモス薬品（連結）	—	2.2
	平和堂	26.8	1.4		サツドラHD（連結）	—	2.3
総合	Olympicグループ（連結）	—	1.5		サンドラッグ	23.8	1.9
	PLANT		2.3		スギHD（連結）	—	1.8
	マキヤ（連結）	—	2.1		ツルハHD（連結）	—	2.1
	パン・パシフィック・インターナショナルHD（連結）	—	1.1		マツモトキヨシHD（連結）	—	1.8
	ミスターマックス・HD（連結）	—	1.4		薬王堂	21.8	2.2
	ジェーソン	31.2	3.0	ホームセンター	アークランドサカモト	27.8	1.1
スーパーマーケット	アークス（連結）	—	2.2		アレンザHD（連結）	—	1.5
	アオキスーパー	19.1	3.6		エンチョー	38.0	1.0
	アクシアル リテイリング（連結）	—	2.3		カンセキ	29.7	1.3
	アルビス	18.5	1.8		ケーヨー	40.3	1.4
	いなげや	20.8	2.5		コーナン商事	44.8	1.0
	エコス	21.1	2.1		コメリ	27.0	1.1
	オークワ	25.0	1.9		サンデー	28.4	1.4
	関西スーパーマーケット	25.4	2.1		島忠	44.7	0.6
	ジャパンミート	22.6	2.2		ジュンテンドー	34.6	1.2
	ダイイチ	—	2.2		ジョイフル本田	37.6	0.8
	大黒天物産（連結）	—	2.4		セキチュー	39.0	1.7
	天満屋ストア	36.5	1.4		DCMHD（連結）	—	1.0
	ドミー	27.3	1.8		ナフコ	31.0	1.0
	ハローズ	22.6	1.9		ハンズマン	17.5	1.7
	バローHD（連結）	—	1.8		LIXILビバ	31.6	1.0
	ベルク	24.9	1.9	バラエティストア	キャンドゥ	35.1	2.7
	北雄ラッキー	18.3	2.2		セリア	30.9	1.8
	マックスバリュ九州	18.2	4.8		ワッツ（連結）	—	2.4
	マックスバリュ中部	19.7	3.7	衣料スーパー	しまむら	28.1	1.3
	マックスバリュ東海	18.2	3.0	専門店 紳士服	AOKIHD（連結）	—	0.8
	マックスバリュ東北	15.5	5.0		青山商事	30.0	0.5
	マックスバリュ西日本	19.5	2.9		オンリー	43.2	0.8
	マックスバリュ北海道	17.5	3.4		コナカ	39.4	0.6
	マミーマート	30.6	1.8	衣料	アダストリア（連結）	—	2.4
	マルヨシセンター	—	2.4		タビオ	25.4	1.9
	ヤオコー	21.0	1.8		TOKYO BASE	23.0	1.6
	ヤマザワ	32.8	2.1		ナルミヤ・インターナショナル	18.1	2.0
	ヤマナカ	21.0	2.7		西松屋チェーン	32.7	1.3
	ユナイテッド・スーパーマーケット・HD（連結）	—	2.6		パレモHD（連結）	31.5	2.0
	ヨークベニマル（非上場）	—	2.4		ファーストリテイリング（連結）	—	1.0
	ライフコーポレーション	21.2	2.7		マックハウス	30.0	1.4
	リテールパートナーズ（連結）	—	2.1		ユナイテッドアローズ	31.0	2.1
ドラッグストア	ウエルシアHD（連結）	—	2.3		ライトオン	35.7	1.3
	カワチ薬品（連結）	—	1.4	靴	エービーシー・マート	25.0	0.7
	キリン堂HD（連結）	—	2.5		ジーフット	43.4	1.6
					チヨダ	27.9	0.9

フォーマット		社名	不動産費分配率	総資本回転率
専門店	雑貨	ヴィレッジヴァンガードコーポレーション	28.4	1.2
		HAPiNS	42.3	1.6
		良品計画	21.5	1.6
	眼鏡	愛眼	27.6	0.9
		ジンズ	23.6	1.6
		三城HD(連結)	—	1.1
		ビジョナリーHD(連結)	—	1.5
	宝飾	エステールHD(連結)	—	0.9
		ツツミ	31.6	0.2
		NEW ART HD(連結)	—	1.1
		ベリテ	22.0	1.0
		ヨンドシーHD(連結)	—	0.7
	スポーツ	アルペン	32.2	1.1
		ゼビオHD(連結)	—	1.2
		ヒマラヤ(連結)	—	1.9
	家電	エディオン(連結)	—	2.0
		ケーズHD(連結)	—	1.6
		コジマ	18.4	2.4
		上新電機	18.7	1.9
		ノジマ	18.2	1.5
		ピーシーデポコーポレーション	18.8	1.1
		ビックカメラ	22.3	1.8
		ヤマダ電機	31.0	1.3
	書籍	三洋堂HD(連結)	—	1.1
		トップカルチャー	38.1	1.2
	家具	大塚家具	39.9	1.7
		カッシーナ・イクスシー	21.8	1.0
		ニトリHD(連結)	21.6	1.0
		ミサワ	26.4	2.4
	惣菜	オリジン東秀(非上場)	13.7	1.9
		柿安本店	20.5	2.3
		ロック・フィールド	—	1.4
	その他	あさひ	25.0	1.5
		魚力	24.8	1.6
		オーエムツーネットワーク(連結)	—	1.8
		ハークスレイ	22.0	1.0
		ハウスオブローゼ	29.6	1.5
		はせがわ	11.5	1.1
		やまや	26.6	1.6
		ワークマン	11.7	0.8
リサイクル		トレジャー・ファクトリー	26.0	1.8
		ハードオフコーポレーション	24.8	1.0
		ブックオフグループHD(連結)	—	1.9
流通業その他		ゲオHD	—	2.1
FS	テーブルサービスカジュアル	SRSHD(連結)	—	1.5
		王将フードサービス	15.2	1.2
		カルラ	25.1	1.2
		グルメ杵屋(連結)	—	1.1
		ココスジャパン	24.1	1.9
		サイゼリヤ	27.1	1.3
		サガミHD(連結)	—	1.3

フォーマット		社名	不動産費分配率	総資本回転率
FS	テーブルサービスカジュアル	ジョリーパスタ	19.5	1.8
		すかいらーくHD(連結)	—	1.1
		ブロンコビリー	16.6	1.1
		ライフフーズ	20.9	2.0
		ロイヤルHD(連結)	—	1.3
	ディナー	あさくま	17.1	1.9
		梅の花(連結)	—	1.0
		木曽路	18.7	1.1
		DDHD(連結)	—	1.9
		東和フードサービス	—	1.5
		ホリイフードサービス	22.1	1.8
	焼肉	あみやき亭	19.2	1.0
		物語コーポレーション	17.7	1.7
	回転寿司	カッパ・クリエイト(連結)	—	2.6
		くらコーポレーション	15.8	2.1
		元気寿司	14.3	1.8
		スシローグローバルHD(連結)	—	1.3
		銚子丸	—	1.9
	麺・丼	幸楽苑HD(連結)	—	2.2
		力の源HD(連結)	—	1.6
		トリドールHD(連結)	—	1.2
		ハイデイ日高	19.4	1.3
		松屋フーズHD(連結)	—	1.5
		丸千代山岡家	13.1	2.3
		リンガーハット(連結)	—	1.4
	多業態	クリエイト・レストランツ・HD(連結)	—	1.6
		サンマルクHD(連結)	—	1.1
		ゼンショーHD(連結)	—	1.6
		吉野家HD(連結)	—	1.8
		ワタミ(連結)	—	2.3
	FC主力	アークランドサービスHD(連結)	—	1.1
		壱番屋	15.1	1.0
		ギフト	13.6	1.5
		ドトール・日レスHD(連結)	—	1.0
		日本マクドナルドHD(連結)	—	1.2
		ハチバン	15.4	1.5
		B-Rサーティワンアイスクリーム	10.3	1.0
		フジオフードシステム	27.4	1.6
		ペッパーフードサービス	17.5	2.4
		モスフードサービス	11.5	0.8
	居酒屋	SFPHD(連結)	—	1.7
		串カツ田中HD(連結)	—	1.7
		チムニー	22.1	1.5
		テンアライド	21.7	1.6
		鳥貴族	18.0	1.8
		ヨシックス	13.4	1.6
サービス業その他		イオンファンタジー	31.2	1.6
		エイジス	—	1.1
		スタジオアリス	19.6	1.5
		田谷	23.7	1.6

また、30％を超える企業は9社もあり、そのうち40％を超えるのが3社ある。コーナン商事、島忠は店舗の広さとアーバン出店がそのまま高い不動産費分配率となっている。

　衣料スーパーのしまむらは28.1％で許容範囲をわずかに超えているのだが、だからといって問題点ありとは判断できない、やや特殊事情がある。しまむらは、売場販売効率が低い立地に出店する一方、効率的な作業システムを構築している。つまり少ない粗利益高で高い営業利益率を出す企業なのだ。不動産費分配率だけを見ると、一見高い物件に手を出しているように見えるのだが、調べてみるとビッグストアグループの中で、最低のリース料しか支払っていないのが実態だ。

　このように数字だけを見て一概に評価できない事情が、企業ごとにある。

　専門店の場合は紳士服、スポーツなどのように店舗をスーパーストア化している企業の不動産費分配率が高めだ。店舗面積が広い割には販売効率および粗利益高が低いからである。ベビー・子供用品の西松屋チェーンも同様だ。

　衣料専門店の多くはリージョナル・ショッピングセンター（RSC）や駅ビル、日本型スーパーストアなどのサブテナントとして入居しているため、リース料が高くついている。ネット通販がなかった時代は売上を確保できたが、現在は急減しているため不動産費分配率が高くなっている。

　FSとサービス業は概ね許容範囲内にある。

ショッピングセンター（SC）：小売業、FS業、サービス業などがまとまって多数入居している商業施設で、サバブに立地し、隣接した無料駐車場がある。
ディベローパー：ショッピングセンター開発業。それを計画し、建設し、所有し、経営する業態のこと。
スーパーストア：フォーマットごとの常識的な売場面積の2倍以上を持つ大型店のこと。本来、広くするのは便利な買物環境のためだが、最近はマネジメント上の適正規模を超えた重複品が多いだけの事例が増えている。
リージョナル・ショッピングセンター（RSC）：大型ショッピングセンターのこと。大部分がエンクローズド・モール型。核はゼネラルマーチャンダイズストアまたはデパートメントストア計2～3店の組合せ。サブテナントはロワーモデレートプライスの専門店（服飾品が大部分）とフードサービス業とサービス業とが40～80店で、食品は入居しない。既に近所にSSMが核店のネバフッド・ショッピングセンター（NSC）が数カ所できているためだ。客はおしゃれな服飾品購入目的で月1回程度来店する。
モデレートプライス：多数の客がその価格なら手のとどく価格帯。

総資本回転率と併せて検討すると
不動産投資の優劣が分かる

　すでに記したように利潤分配率は、いかなるフォーマットにも業種にも共通して使うことができる便利な数値であった。また、経費率の中でも労働分配率は、収益の低さを生み出す最大の要因で、この数値の悪化は、すべてのフォーマットに共通して経営危機をもたらすことを指摘した。

　一方、ここで取り上げている不動産費分配率は、企業ごとに親会社（または別会社）が不動産投資を引き受けているというような特殊な事情が絡む。そのため物件の種類ごとに、特殊事情をきちんと把握した上で分析、検討をしないと、手術の焦点がぼけやすい。

　そこで不動産費分配率を的確に読む際には、総資本回転率（本来は投資回転率）と並べて検討するのが最も単純で、なおかつ適切な方法となる。70ページからの図表2−⑦に不動産費分配率とともに総資本回転率を併記したのは、そういう理由があるからだ。

　経営者の実力を示す数値としてROA（総資本経常利益率）があることを第1章の冒頭で紹介した。この数値は必ず10％以上でなければならない。

　総資本経常利益率（ROA）＝経常利益率×総資本回転率である。ということは10％を維持するためには、経常利益率が5％なら、総資本回転率は2回転を超えなければならないことになる。

　小売業で2.5回転以上、FS業で1.5回転以上の企業名を見てみると、不動産投資が上手であることが分かる。この二つの経営効率を並べて見ていくと、より正確に不動産費分配率を評価することができるのだ。

　小売業で2.5回転未満、FS業で1.5回転未満の企業は、投資の検討の際にどこか不十分な点があったと思わなければならない。拙速な出店を繰り返していると、資本の回転率はどんどん低下し、総資本経常利益率をあっという間に下げてしまう。

　こうしてみると日スの総資本回転率はほとんどが2回転以下で、不動産費分配率の数値も芳しくない。オーバーストアの現在、過大投資になっている。

　SMとDgSは他のフォーマットより売場販売効率が高い割に総資本回転率が2回転を下回る企業が多い。HCは1回転未満の企業が2社もある。

　専門店の総資本回転率が、一部を除き軒並み2回転を割って1回転台というのは、保証金や敷金などでディベローパーなどに付け込まれていることも

図表2-❽上場流通企業の不動産分配率と総資本回転率の分布

業態		不動産費分配率(%) ××× 45%以上	×× 40~45%未満	× 30~40%未満	○ 20~30%未満	◎ 13~20%未満	× 13%未満	総資本回転率(回/年) 小売業 ◎ 2.5回以上	○ 2~2.5回未満	× 1.5~2回未満	×× 1.5回未満	フードサービス、サービス ◎ 2回以上	○ 1.5~2回未満	× 1~1.5回未満	×× 1回未満
集計企業数	総計	160						167				98			
	計	0	9	32	72	43	4	18	37	48	64	18	37	38	5
	構成比(%)	0.0	5.6	20.0	45.0	26.8	2.5	10.8	22.2	28.7	38.3	18.4	37.8	38.8	5.1
業種	小売業	0	7	28	51	20	2	18	37	48	64				
	フードサービス	0	2	3	20	23	2					18	34	36	4
	サービス	0	0	1	1	0	0					0	3	2	1

あるだろう。

　総資本回転率が2.5回以上の数値を示しているのが、成長企業と考えられる。その意味でフォーマット別、地域別、店舗別に、わが社の全店の数値を出すべきであろう。店間格差が比較できるはずだ。

　不動産費分配率と総資本回転率の関係を業態別企業数比較としてまとめたのが図表2-⑧である。

　不動産費分配率の面からすぐに手術を要する企業が9社、要注意で警戒を怠りなくすべき企業が32社もある。その一方で、店舗の老朽化が進んでいるのに、新店を作らないという問題を抱えている企業が4社ある。

　この図表2-⑧を見ると、小売業で総資本回転率が2.5回以上の企業は18社で全体の10.8%、逆に1.5回未満という問題企業は64社で全体の38.3%にも及ぶことも分かる。

　70ページからの図表2-⑦には不動産費分配率も総資本回転率も合格という優良企業も具体的に示されている。わが社の数値に不安を覚える幹部はぜひこれらの企業を見学しなければならない。

4

不況のときは
販促分配率を見直す

販促分配率が6％を超えている企業は
実際の効果を考え直す

　販促分配率とは、54ページの図表2−①のとおり、年販売促進費を粗利益高（年売上総利益）で除した数値（％）である。販促費とは、広告宣伝費つまり広告料、チラシ代、店内のPOP広告、屋外看板、ポイントカード費、買い上げ後の包装紙（袋）、販売手数料、配達費というように、消費者の購買意欲を高めるための費用すべてのことを言う。

　あるべき数値は6％。この数値を超える場合は、チェーンストア経営の経験法則から見て、販促費が多いと判断する。逆に5％未満の場合は、本来なされるべき販促活動への努力が十分ではないことになる。もしこの数値が10％を超えている場合は、販促方法に大手術が必要となる。

　実態を見てみよう。

　次ページの図表2−⑨は、販促分配率の平均値をフォーマットごとに計算したものだ。2015年と2019年の数値を比較してみる。

　日本型スーパーストアは7.9％で、許容範囲ではあるがこの4年で上がっている。SMは変化なし、HCや、小売業の中では一見すると販促費をつぎ込んでいると思われがちなDgSも販促費の削減を図っている企業が多い。

　一方、好調と見られている専門店業界は、もともと以前から販促分配率が高かったのだが、2019年でも、まだ高い数値である。とくに図表内に×印を付けたところは異常な数値だ。あるべき数値の2倍を超えているのは、逸脱としか言いようがない。

　紳士服、呉服、宝飾など高級品を扱うフォーマットは特に高い。家電専門店の場合は高いポイント還元率が影響している。

　意外なのはFSがそれほど販促費を使っていないことだ。ただし、上場企業の5割以上が発表していないため、厳密な実態は不明である。

図表2-❾上場流通企業のフォーマット別販促分配率の平均値の変化

註：✕印は危険、△印は注意
単位：%

フォーマット			2019年	2015年	
日本型スーパーストア			7.9	7.2	
スーパーマーケット			5.6	5.6	
ドラッグストア			3.7	5.3	
ホームセンター			5.6	6.5	
専門店	紳士服		11.6	14.4	△
	衣料		7.0	5.6	
	呉服		20.1	18.0	✕
	靴		6.6	7.2	
	眼鏡		7.2	8.8	
	宝飾		11.5	10.5	△
	家電		14.6	11.0	✕
FS	テーブルサービス	カジュアル	6.0	4.8	
		ディナー	5.1	4.7	
	居酒屋		5.6	3.0	

次に有価証券報告書から販促分配率を計算できる130社について、その分布状況を調べてみたのが、図表2-⑩である。図表2-⑪は、その上場流通企業のうち販促分配率が10％以上の企業名である。

分布状況を見ると、✕印が二つも付く13％以上の異常な数値を示すのは、大部分が小売業だ。あるべき数値は6％なので、驚くしかない。

図表2-⑪によれば、特に家電業界に10％超えの企業が数多く並ぶことが分かる。業績悪化中のラオックスの47.9％だけが特に数値が高い。次がヤマダ電機の18.3％で、以前よりは減少してきている。ただ、家電企業のすべてが高い販促分配率を示しているわけではなく、ほかのどのフォーマットにおいても、異常値を示す特殊な企業は交じっているものだ。

しかし、ここに並んだ企業名を見て、すぐに広告のイメージを思い浮かべようとしても、なかなか思い浮かばないのではないか。つまり、あるべき数値の倍以上の販促費をかけているからといって、広告の中身が消費者に伝わる確率は、さほど高くないようである。

そうであれば、今一度販促費の在り方、実際の効果の上げ方について、考え直す必要があるだろう。

POP公告：POP（point of purchase）＝売場内広告。客が店員に聞かなくても分かるようにするのが目的。マスコミ広告やチラシ広告に対して最終広告ともいう。大別して、①売場案内　②案内掲示　③品名プライス・カード　④スポッター　⑤ショーカードの5種類がある。

図表2-⓾ 上場流通企業の販促分配率の分布

業態		販促分配率(%)			
		✕✕ 13%以上	✕ 10%以上	○ 3%以上	○✕混在 3%未満
集計企業数	総計	130			
	計	17	5	89	19
	構成比(%)	13.1	3.8	68.5	14.6
小売業		14	3	71	7
フードサービス		2	2	18	11
サービス		1	0	0	1

図表2-⓫ 上場流通企業のうち販促分配率10%超の企業

単位：%

フォーマット			社名	2019年	2015年
日本型スーパーストア			イオンリテール(非上場)	13.9	14.7
専門店	紳士服		青山商事	15.6	16.6
			AOKIHD(連結)	14.7	13.5
			はるやまHD(連結)	13.4	16.3
	衣料		TOKYO BASE	18.5	14.0
			マックハウス	10.8	10.5
	呉服		京都きもの友禅	36.8	28.9
			一蔵	17.3	13.5
	宝飾		NEW ART HD(連結)	20.6	17.4
			ツツミ	10.4	8.2
	家電		ラオックス	47.9	43.7
			ヤマダ電機	18.3	19.3
			ノジマ	17.2	14.3
			ビックカメラ	15.3	17.2
			上新電機	13.7	13.1
			アプライド	12.5	12.0
	その他		藤久	21.9	19.0
FS	テーブルサービス	カジュアル	ブロンコビリー	12.0	9.7
	FC主力		B-Rサーティワンアイスクリーム	31.3	33.6
			モスフードサービス	18.7	15.9
	居酒屋		ダイナックHD(連結)	12.4	2.0
サービス			プラザクリエイト(連結)	16.2	12.7
			スタジオアリス	10.8	11.9

流行している販促作戦の問題点

　販促分配率が、あるべき数値の６％を超えている企業には特徴がある。次の六つの点に力を入れすぎているのだ。

①日替り・品種別一律特価

②特定時間帯のみ特価

③ポイント制と下取り（キャッシュ・バック）制の拡大

④客が申告すると他店のチラシ特価に値を下げる

　（実際は様々な特例事項を設けているから適用事例は少ない）

⑤他社の販促ノウハウ（TVCM、チラシ）のそっくり真似

⑥これら販促の頻発

　いま多くの企業が採用している①〜④の手法は、いずれも"非正札販売"である。わが国で言えば、江戸時代から300年間にわたって営々と勤勉な商人によって築かれてきた商道徳の伝統とは、真っ向から反するやり方と言える。欧米においては150年にわたるチェーンストアの歴史によって培われた商法にもそぐわない手法だ。特に④の手法はやり方次第では深刻なやり過ぎが生じる。

　実際には、客の訴えに対して、企業によっては、様々な例外を勝手に設けたりしているので、それによって消費者の誤解を招き、商道徳に反するイメージを植えつけることにもなりかねない。厳しいルールを作り、現場に徹底させておかないと、販促がまったく逆の効果をもたらすリスクにもなることを警告しておきたい。

　欧米にも特価特売はあるが、品目単位であり、それが行われる期間も１週間から６週間と長い。日本のように１日限りとか週末限りというようなやり方ではない。

　たとえば日本では、水曜日特売とか、５とか10の付く日は特にお買い得という手法を用いている。これを消費者はどう受け止めているのかをもう少し深く分析する必要があるのではないだろうか。

　仮に水曜特売を毎週繰り返しているとすると、店側は水曜日はお買い得とアピールしているつもりだろうが、その一方で、実は消費者側は水曜日以外の曜日は高いと思っている。つまり一週間のうち６日間は高い店というイメージが消費者の頭の中にでき上がってしまう。これが真相なのだ。

　しかも、欧米のチェーンストア、あるいは江戸時代からの商家が取り組ん

できた特価は品目単位だが、現在流行している販促作戦における特価は、品種単位、部門単位、さらには一斉割引という形を取る。その結果、消費者は実は大いに悩み、買物に時間がかかっていることに気づいているだろうか。

　特価が品目単位ならば、売場に行ってお目当ての品目を実際に手に取って購入するかどうかを判断する。

　ところが品種単位、部門単位、一斉割引となると、選択肢が大幅に広がって購入するまでに時間がかかってしまう。余計な手間をかけてしまうことは消費者にとってうれしいことではない。むしろ苦痛でさえある。

　限られた時間しかない人は、さらに不安にもなる。短い時間で選択した商品がいちばん正しかったのかという不安を抱くからである。

　ショッピングというのは、本来楽しいものである。購入したものを食べたり、飲んだり、着たり、使ったりするときだけが楽しいのではない。ショッピングという体験そのものに人類文明社会の楽しみが含まれている。

　現在の日本では消費者のその楽しみを損なう販促が行われている。さらに企業側にとっては、毎日のように繰り返される特売で、売場変更やPOPのつけ替え、問い合わせ応対など膨大な作業コストが発生しているのだ。

　欧米のチェーンストアがエブリデイ・ロープライス（EDLP）の価格政策をとっているのは、こうしたハイ＆ローの弊害を解消し、特売にかかる無駄なコストを客に還元するための基本対策なのである。

　過剰な販促活動は経費の増大をもたらし、収益に大きな影響を与える。それで効果が上がらないとなると、これは費用の無駄遣い、徒労なのである。特にこのところの常軌を逸したような販促活動は、企業を衰退させるだけである。経営戦略として再検討が必要だ。

　ところが、いざエスカレートした販促活動の再検討になると、ほとんどの経営者は売上高の減少や客層の変化、消費者の店離れを大いに気にしてしまう。これまでの販促費を削減すると、すべてマイナス効果しか生まないのではないかと心配する。

　大事な視点は、販促費用ではなく、効果的な販促対策への切り替えだ。何を消費者にアピールできるかの問題である。

　販促しようと選定した品目について、バイヤーも店長も消費者にとっての有益性を主張できていただろうか。品種単位の一律特売を宣伝するときなどは、なおさら困難である。先の①〜⑥の手法で、そんなことができるとはとうてい思われない。

本来の販促に関する要件は次の3点である。

①特別に自慢できる特徴のある品目

②消費者に分かりやすいズバリとした表現

③店内の目立つ位置で目立つように大量または変化陳列

（ただし陳列作業コストは低いこと）

これをまず1ヵ所で実験し、次に改善を加えながら3ヵ所で実施し、それで効果があったら全店舗で展開するのである。

現実には、バイヤーが自慢できる商品の特徴を広告で消費者に伝えることができていない。特に苦労して開発したPB商品こそ、そのバリュー（お値打ち）を訴えるべきなのに全く伝わっていないことが多い。

さらに多くの企業における問題は、販促する品目数が多すぎることである。これは商品部の自信のなさの表れだといえよう。チラシで大量のお買得商品を掲載しても多すぎて消費者の記憶には残らない。店舗では、対象商品すべてについて目立つようなプレゼンテーション（演出）ができない。チラシと売場が連動しないので、来店した消費者は目当ての商品を見つけることができない。そこで、店側は売上を上げるため、勝手な販促を始める、という悪循環に陥る。

このような状況を改めることなく巨額の費用をかけるのは誠に愚かなことだ。いくら本部側が宣伝方法に妙手や奇手の工夫を凝らしても現場は変わらない。この種の販促に興味を持つのは同業者であって、けっして消費者ではないのだ。

特売：計画的に行う重点販売と、在庫処分のクリアランス、短期特価特売の3種類に分けられる。重点販売には価格を強調するプライス特売と、あるテーマに関連する商品を（普段は扱わない品種も含めて）臨時にシーゾナル売場に集めるコレクション特売がある。プライス特売の対象商品はこれからマス化したい品目や特別に低コストで仕入れた商品など。コレクション特売の対象商品は、特価よりも商品提案の技術で魅力を伝える商品（ステープル商品が主）と季節品である。

エブリデイ・ロープライス（EDLP）：あらゆる部門で売れ筋商品が、いつも同じように安いとお客に印象付ける価格政策。欧米の大手チェーンでは、常識となっている競争手段。店側が決めた一定期間だけ安いのではない、というハイ&ロー政策への決別を意味する。

ハイ&ロー：短期特価販売を繰り返す価格政策。お客からすると、それ以外のとき高く買わされる印象が強く残るための店の信頼は失墜する。計数管理の面では、短期特売準備業務が増えるために固定費が増える。したがって、固定客づくりにはならないから、欧米チェーンでこのやり方を取る企業は少ない。

プライベートブランド（PB）：チェーンストアが新しく製品開発した商品のうち、トレードオフ（→109ページ）によって従来なかった価値を付与し、新しい楽しさ・便利さ・おいしさを提案する商品。

第3章

作業効率の指標から
収益を拡大する

1

労働生産性を
正しく算出できないと
作業効率は改善しない

図表3－❶主要経営効率の計算公式とあるべき数値

番号	効率項目(単位)	計算公式	あるべき数値
㉑	労働生産性(万円)	年売上総利益÷年間平均従業者数	1,000万円以上 (最低でも800万円必要)
㉒	従業者1人 あたり面積(坪)	年間平均総売場(店舗)面積(坪)÷年間平均従業者数 パートタイマー数は労働時間をフルタイム時間数で換算し、月ごとの換算人数を1年分足して12で割ったもの	小売業売場食品20坪以上、 非食品60坪以上、 FS業店舗10坪以上

正しい "従業者数" を算出する

　企業の収益性を左右するのは売上高だけではないことはすでに何度も指摘した。売上高よりも粗利益高、それよりも労働生産性（万円）である。

　この数値は、図表3－①のように年売上総利益（粗利益高）を年間平均従業者数で除した計算公式で求める。つまり、従業者1人当たりの稼ぎ高だ。あるべき数値は1,000万円以上で、1,200万円を超える企業の経営者は、自社の労働生産性の高さを大いに自慢してよい。

　計算公式を見る限り、容易に数値が求められそうだが、実態はそうではない。正しい数値を出すことができる企業を探し出すのが困難と言ってもいいくらいだ。年売上総利益はどの企業でも正確に出せるので、問題は、年間平均従業者数の本来の意味を正しく認識して、その数を適切に把握しているかという点にある。

　なぜならば、労働生産性は作業効率の指標として大きな目安となるものの、正確な数字でなければ作業の改善には結びつかないからだ。

　そこで、正確な "従業者1人" とは次のように算出すべきである。

　　　①サービス残業（記録を残さない隠し超過勤務体制）がない

　　　②週間の労働時間を40時間で1人と換算する（便宜的に年間は2,000
　　　時間とする）

たとえば、労働実態として１人の従業者が週48時間働いていたとしたら、労働生産性を計算する際の人数は1.2人とする。逆に１日４時間で週５日間勤務のパートタイムの従業者の場合は週の労働時間が20時間なので、人数は0.5人とする。このように実質従業者数を一人ひとり厳密に把握しなければ、正しい労働生産性は算出できず、経営の指標にはならない。

　つまり、実際に経営の指標として活用するためには人数ではなく、労働時間数として記録する。あるべき形はフルタイマー、パートタイマーという区分けは関係なく、実働時間数である。これはタイムカード上の記録と一致していなければならないし、稼働計画の実績とも一致していなければならない。

　経営効率上「人数」を必要とする場合は、労働時間数をもとに週40時間、または１日８時間を１人として算出する。なるべく13週ごと、４週ごと、週ごとに店舗の平均従業者数を求めておくのがより正確な数値となり、良い。ところが従業者１人あたりの経営指標を問題にしない企業は、従業者の頭数しか把握していないから、作業改善などできはしないのである。

　こうした計算公式の原則を正しく理解した上で数値を算出すれば、労働生産性は作業効率を単純に比較するために便利で有効な指標となる。

　もうひとつ労働生産性に関する初歩的な間違いを単純な例で説明しよう。たとえば、３人でやっている作業を１人で済ませるようにしたマネジャーは優秀とみなされる。有能な熟練した部下を持っていて労働生産性を向上させたというわけだ。

　しかし、その有能な熟練者の時給が2,500円で、以前にその作業をしていた３人の時給がそれぞれ800円だった場合はどうなるか。３人で作業していたときの人件費は一時間当たり2,400円となるので、管理会計上は１人で済ませているほうがかえって労働コストが上がったことになる。

　ここに労働生産性の数値が抱える根本的な課題が含まれている。人件費対策が店舗ごと、センターごとというように現場のマネジャーの判断で行なわれているという実態である。一般的に店舗数が30店を超えたあたりから、本部の人事部が従業者の労働時間と人件費を正確に把握できなくなり、現場マネジャーは、自身の評価のために正確な労働時間を報告しない。

　だからほとんどの企業で、管理会計に携わり、その数値によって経営判断を下すべき社長、専務、取締役、人事部長、財務部長といった大幹部の誰一人として労働生産性の数値を持っていない。それもそのはず、本当の稼働人員数が報告されたり、記録されたりする制度になっていないのである。

労働生産性800万円以下の企業は
改善努力をしていない

労働生産性は1,000万円以上を目指す必要があると述べた。その根拠は図表3－②をご覧いただきたい。

労働生産性は粗利益高だから、第2章で説明した分配率を適用することができる。原則どおり達成することを前提とすると、従業者1人当たり1,000万円の配分は図のとおりとなる。1人が稼ぐ1,000万円から企業としての収益は20％分の200万円、人件費は38％分の380万円を確保できる。ただし人件費はイコール賃金ではないから、福利厚生費や教育訓練費などを除くと賃金分はおおよそ300万円だ。これは上場流通企業の平均的水準（詳細は第6章）と一致する。つまり労働生産性は賃金の原資となるものなのだ。

この労働生産性が仮に700万円しかなければ、同等の人件費を確保しようとすると労働分配率は54％になってしまう。800万円でも47％とまだ高すぎる。よほど不動産費分配率や管理分配率をコントロールしない限り、収益を圧迫することになるだろう。

そこで図表3－③を見てほしい。有価証券報告書から算出した労働生産性のフォーマット別年次変化だ。

もっとも、これまで繰り返し記してきたことからすると、この数値も信頼性に欠けるものかもしれないが、一応、あるべき数値の1,000万円を超えているのは、ホームセンター（HC）、専門店の紳士服、衣料、靴、眼鏡、宝飾、家電、家具、そしてリサイクルである。ただし、2010年と比較して下がっているフォーマットが専門店には多い。

一方、800万円以下のフォーマットは、スーパーマーケット（SM）、バラエティストア（VS）、専門店の書籍、フードサービス（FS）である。先に説明したように労働生産性は賃金原資であるから、800万円以下では十分な

図表3－❷分配率管理に基づく労働生産性の試算

労働生産性＝1人1,000万円	利益	20%	200万円	→ 企業としての収益の確保	労働生産性700万円で同等の人件費を確保すると、労働分配率は54％になってしまう ↓ 収益を圧迫する
	人件費	38%	380万円	→ 従業者の賃金（約300万円）の確保	
	不動産費	18%	180万円		
	販促費	6%	60万円		
	管理費	18%	180万円		

原資を得ることができない。流通業にブラック企業が多いのはこのためである。

　特にひどいのは、１坪当たり粗利益高が高いにもかかわらず、労働生産性は低いSMとFSの食品フォーマットだ。扱う商品の性質上作業時間数が多くなるフォーマットで、パートタイマーの割合も高いが、では欧米のチェーンストアも労働生産性が低いかというとそんなことはない。日本では業務・作業システム上の改善努力を怠っている企業が大多数なのだ。

図表３−❸上場流通企業の フォーマット別労働生産性の年次変化

単位：万円

フォーマット			2019年	2015年	2010年	2005年
日本型スーパーストア			907	955	902	918
スーパーマーケット			754	715	677	723
ドラッグストア			986	907	875	943
ホームセンター			1,022	972	961	974
バラエティストア			641	668	638	620
専門店		紳士服	1,186	1,319	1,326	1,517
		衣料	1,102	1,006	996	1,018
		靴	1,248	1,300	1,095	1,201
		眼鏡	1,010	910	872	1,078
		宝飾	1,152	979	971	1,165
		スポーツ	987	1,007	1,101	1,021
		家電	1,558	1,367	1,362	1,144
		書籍	685	772	803	—
		家具	1,561	1,613	1,729	1,795
リサイクル			1,001	1,114	1,075	1,464
FS	テーブルサービス	カジュアル	614	573	614	574
		ディナー	750	740	725	711
	直営主力	回転寿司	513	—	610	584
		麺・丼	697	686	539	576
		居酒屋	735	734	740	794

労働生産性を高めるための効果的な対策は
1人当たり面積の拡大

　私どもの調査では、各企業の（売場）販売効率（万円）が年ごとにどんどん下がっている。この10年間で半分くらいに下がってしまったビッグストアも多い。

　一方、粗利益率はどうかというと、この10年間で3％から10％程度の動きが見られる。

　粗利益率を上げるためには、商品部の改革が必要で、品目別値入れの実行、欠品防止対策、廃棄率と値引率の原因調査と克服などと、さらに商品開発を進めて少しずつ向上させていかねばならない。そのためこれらの改善は少なくとも2～3年、商品開発なら5年はかかることになる。そう簡単に急増させられるものではないのだ。

　粗利益率に大きな変化がなければ、坪当たり粗利益高は（売場）販売効率と比例して半減してしまったといえる。

　労働生産性は従業者1人当たりの粗利益高のことだから、坪当たり粗利益高が低くなっても、従業者1人当たり（売場）面積（計算公式は図表3－①）を増やせば、以前と同じ労働生産性を達成することができる。その理屈は次の公式で分かるであろう。

$$労働生産性 = （売場）販売効率 × 粗利益率 × 1人当たり（売場）面積$$

$$= \frac{売上高}{（売場）面積} × \frac{粗利益高}{売上高} × \frac{（売場）面積}{従業者数}$$

　つまり、売上高を増やす見込みのない現状で、収益を上げるには、従業者1人当たり（売場）面積を増やす、つまり業務・作業システム改革で人時数を減らすことが欠かせないのである。

　日本のビッグストアの経営者はこの重要性を理解してこなかったため、1人当たり面積はさほど伸びなかった。フォーマットによってはかえって減ってしまったぐらいだ。

　根本的な問題は、店舗現場で手数をかけることが職務だと思い違いをしていることにある。そのため商品（メニュー）構成や販売促進を個店対応で行っている。いや、そもそも店ごとに立地や面積がまちまちなのでそうせざるを得ないのかもしれない。

　個店対応では1店で良いルールを作り上げても他店では活かせないので

生産性は上がらない。

　専門フォーマットでは接客応対をすることが良いサービスとされ、客待ち時間が多い。食品フォーマットでは客にワクワクしてもらうために、手作業の調理過程をガラス窓越しに見せ、店内作業を増やしている。

　小売業ではバイヤーの自信のなさからベンダーの言いなりになって扱い単品（SKU）数をどんどん増やしている。さらに客からの要望でも単品数が増える。しかし死に筋退治はしないので、単品数が増えた結果１単品当たりの陳列量が急減し、発注と補充の作業頻度が増大する。

　売上の急減が怖いから以前からの日替わり品種単位特売をやめられず、１日ごとに大規模な売場変更作業を行っている。しかも品種単位なので値下げしなくても売れるものまで安くし、粗利益率と粗利益高の悪化を招いている。

　このように現場ががんばれば売上高が上がるとする昔ながらの目先売上高増加策は、現在ではほとんど効果はない。逆に、作業時間が増えることでかえって労働生産性の低下を招いているのである。

　労働生産性を改善するための業務・作業システムの改善を阻んでいるのは、その責任者である商品部長、店舗運営部長、物流担当者である。彼らは保守的になり、かつて自分たちが教わって、そして守ってきたシステムを変えようとしないことが多い。システムを変えないまま、なんとかがんばろうというやり方（ガンバリズム）はもう通じないことを理解していないのである。

　労働生産性を高める上で、いちばん大胆な手法はこの３セクションの責任者を入れ替えることだ。もちろん、現状の業務・作業システムを引き継ぐ人物ではなく、改革を実践する人物を後任者にしなければならない。

　それを決断できるのは経営のトップ、および取締役といった大幹部のみである。経済環境、業界内の競争激化という中で、結局、労働生産性を向上させるのは、経営陣による業務・作業システム改革への挑戦なのである。

商品開発：１つ目は、製品開発のこと、２つ目は、わが社に欠けている他社の売れ筋や、まだ普及していない商品の発掘と、集荷システムづくり、３つ目は、売価、売場レイアウトや棚割りなどの陳列方法、販促や別媒体を使ったプロモーション手法など、提供方法の開発を指す。この３つを合わせた活動全体を、商品開発という。製品開発をすることだけをさすのではない。
死に筋：その品種・カテゴリーの平均商品回転日数の1.5倍以上在庫している品目または単品。ただし、販売数が急増しているもの、販売実験中のものは除く、たとえ販売数が多くても、在庫が過剰だと死に筋となる。
単品（SKU）：→106ページ

現場では労働生産性より人時生産性

　労働生産性は、計算公式を見れば分かるように１年ごとに算出される数値だ。そうなると、年々数値が減少傾向にある場合とか、競合企業と比較してわが社だけ急な減少に見舞われたという場合に、改善策の成果を知ることができるのは１年後になってしまい、手術が遅れてしまう。

　したがって、本来は週単位、あるいは１日単位でも計算できる人時生産性を効率数値改善の出発点にすべきであろう。

　人時生産性とは、従業者１人当たり１時間当たりの粗利益高（売上総利益高）のことで、正式には「じんじせいさんせい」と読むのだが、人事（じんじ）と区別するために慣用読みで「にんじせいさんせい」と言われる。

　現場で作業効率を問題にする時、日米比較や、わが社の店間比較を分かりやすく知る指標がこの人時生産性ともうひとつ従業者１人当たり（売場）面積（坪）である。

　どちらの数値を算出する場合も、“１人”とは労働時間が１日８時間か、週40時間であるという定義を使って、人数換算しなければならない。

　同じことを何度も言うようだが、今でもパートタイマーの人数について間違った認識をしていることが多く、たとえば、正社員とパートタイマーの人員比率はほぼ３対１とか４対１というようないい加減な数値が話題になることがある。パートタイマーでも、フルタイマーでも管理会計では、週単位なら労働時間が40時間で１人と換算しなければならない。

　さて、１人の年間労働時間は2,000時間（厳密には週40時間×52週＝2,080時間だが、計算を単純にするため2,000時間を使用する）とするから、人時生産性のあるべき数値は労働生産性を2,000分の１にすればよい。つまり、会社全体では5,000円があるべき数値というわけだ。これを先の図表３－②と同様に分配率を用いて試算してみると図表３－④のようになる。

図表３－❹ 分配率管理に基づく人時生産性の試算

①企業全体

1人 5,000円	利益	20%	1,000円
	人件費	38%	1,900円
	不動産費	18%	900円
	販促費・管理費	24%	1,200円

②店舗現場向け換算

1人 5,600円	利益	18%	1,008円
	人件費	34%	1,904円
	不動産費	16%	896円
	販促費・管理費	22%	1,232円
	本部負担	10%	560円

店ごとの本部負担分を10％と仮定して、同じ利益と経費を確保するためには、店舗現場段階の人時生産性はおおよそ5,600円必要となる。

　人件費として確保すべきは1,900円となるが、そのうち賃金は1,500円だ。これはイコール時給と考えればよい。人時生産性なら時給と同じ単位なので現場では取り扱いやすい経営指標である。

　さらにアメリカのアナリストが分析方法として用いるのが、「人件費１万円当たりの粗利益高」という指標だ。この数値も作業効率の改善にスピードが要求される場合に有効だ。意味するところは労働分配率と同じである。

　先ほど記したように人時生産性（労働生産性）は熟練者を使えば向上できる。しかし熟練者は普通、労働コストが高いのである。したがって、人件費１万円当たりの粗利益高も連動して高くならなければ意味がない。

　つまり、労働分配率を38％に押さえたいのであれば、人件費１万円当たりの粗利益高は、26,315円以上を見込めなければならない。

人時：仕事量・作業量の単位、マンアワー。ある業務に１人で作業した場合延べ何時間かかったかを示す。１人で３時間かかった作業と３人で１時間ずつかかった作業とは同じ３人時。

2

労働生産性向上の鍵は標準化

店の適正規模が生産性を左右する

　適正規模とは小売業なら売場面積、FS業とサービス業の場合は店舗面積または収容客席数を問題にする用語である。

　小売業ではまず客が豊富な品揃えだと感じる広さで決定することになる。消費者は、以下のような状況の中で購買決定をする。

　　①市場にはメーカーから新製品が続々と投入される

　　②新製品の情報はTVCM、新聞広告、チラシ広告、DM、SNSなどを通して一気に広がる

　　③そうした情報を踏まえ、これまでの商品と比較検討したいと思う

　　④関心のある商品はインターネットでさらに調べ、ネット通販による購入も検討する

　　⑤店に出向くのであれば、より豊富な品揃えの中で選択したいと望む

　　⑥さらに、現在の暮らしが向上する商品をも発見したいと思う

　　⑦しかも、それらがより安く有利に購入できることを望む

　来店客に対しては、可能な限りこのような希望を実現することが必要だ。そのため、客が豊富だと評価してくれる品揃えをできる広さを確保しなければならない。

　ただし、客は来店目的及び求めるTPOSによって、ある部門・品種の中の特定の商品ラインだけを必要とするから、この世にあるすべてを店舗で揃えるものではない。それがフォーマットの選択である。ゆえに、品揃え上の適正規模は商品ラインごとに決まり、その商品構成としての店舗の適正規模も決まる。つまりフォーマットごとに適正規模が変わるわけだ。

　なお、普通の能力的に客が売場を回遊するのはせいぜい2,800〜3,000坪である。それ以上広い面積では、いくらワンウェイ・コントロールで誘導しようとしても、客は全売場を回ることはない。

図表3−❺ フォーマット別品揃え上の適正規模日米比較

チェーン化フォーマット	アメリカの実情 坪	日本でのあるべき売場面積
HFuS（Soft & Hard）	1,000〜2,000	600〜2,000
CESS	600〜1,500	600〜1,500
Moderate Price SS	60〜200	60〜200
Supercenter	3,000〜4,500	2,500〜3,500
DS	2,300〜3,500	2,100〜2,800
HC（DIY）（日用・家庭用品は含まない）	屋内 2,500〜3,000	屋内 500〜800 屋外 200〜400
HFaS	500〜1,500	300〜500
Popular Price SS	80〜400	80〜350
SDgS	300〜500	200〜400
VS/One Price Store	100〜500	80〜200
SSM	700〜1,000	500〜800
Limited Assortment Store	200〜400	80〜200

図表3−❻ ビッグストアのフォーマット・業種別1店あたり面積

資料：JRC「ビッグストア統計2020年度版」
註.（　）内は項目ごとの集計企業数。
単位：坪

総合			専門		
日本型スーパーストア	1,816	(6)	衣料	86	(4)
ドラッグストア	215	(25)	ベビー、子供用品	91	(3)
スーパーマーケット	428	(104)	靴	194	(4)
ホームセンター	1,268	(26)	家具	1,849	(4)
生協	416	(24)	書籍	309	(3)

　アメリカのWalmart Supercenterの大型店は4,500〜5,000坪もある。ポピュラー・プライスの商品しか扱っていないので、回遊率はかなり高いが、客は毎回全売場を回っているわけではなく、客層やTPOSに応じて売場を取捨選択する。

　図表3−⑤は品揃え上の適正規模の日米比較、図表3−⑥は日本のビッグストアのフォーマット・業種別1店当たり面積の平均値である。

　実際に日本で作られている店舗には日本型スーパーストア（日ス）やHCの一部で4,000坪以上の広すぎ物件もあるが、最も問題なのはSMの平均が428坪と適正規模よりはるかに狭いことである。

　しかも日本では不動産コストが高くつくのに、近年は豊富な人口を狙ってアーバン立地に出店する企業が続出している。当然コストを抑えるためさらなる小型店での出店となる。売上は上がるかもしれないが、それ以上にオペレーションコストがかさむため、逆に営業利益は上げにくい。

　そもそもアーバン立地は適切な面積の土地や建物を見つけにくいので、妥

協をして入手した物件はバラバラで標準化しにくいものなのである。

　適正規模を決定づける条件は、品揃えだけではない。コストの面からは業務・作業システム上の適正規模が問題となる。

　あるべき品揃えを実現し、効率的に売上を上げるために適正規模の面積を確保すべきだが、なにより狭くてはいけないコスト上の理由が、次の2つだ。

①売場が広ければ通路を幅広く確保することができ、従業者が動きやすくなり、パレットトラック、フォークリフト、フロアクリーナーなどの機械を導入しやすい。ロボット化が進む現在、絶対条件である。

②想定される販売量に比例して陳列量を確保することができる。欠品のリスクは弱まり、補充頻度を下げることができるから、圧倒的に商品管理のための人時数を削減することができるのだ。

　つまり品揃え上の適正規模の範囲内で、可能な限り広い売場の方が作業効率はアップし総人時数を抑えることができるのである。

　このようにわが社独自の適正規模を見つけ、立地と品揃えを企業内で一定にすれば、おのずと売れ行きも一定になり、オペレーションも一定になり、生産性が高まる。売れ行きが一定とは販売効率が一定ということだ。店舗によって高かったり、低かったりするのではない。

適正規模：最大の経営効果を発揮する売場や店全体の面積（広さ）のこと。かつては売場（店舗）面積を拡大するスーパーストア化が求められたが、近年は売れ筋商品が増えないのに面積ばかりを広げてしまい、死に筋商品の増加や経営効率数値が慢性的に悪化する店が増えた。

商品ライン：品種内の特定の価格帯に属する品目群。品種ごとに3〜5ラインある。

ワンウェイ・コントロール：入店客を店側の計画どおりに誘導すること。「一方通行」のことではなく、建物設計や売場の配置、分類などによって自然な流れを作る。

スーパーセンター：ワンフロア大型総合品種セルフサービス業態の小売業フォーマット。売場3,000坪〜4,500坪。必要商圏人口5万〜7万人、ディスカウントストアとスーパーウェアハウスストアとの組合せ。Walmartが非食品の品揃えを低価格帯のみとしフォーマットを確立。後続他社は商品のレベル統一ができず未完成。

ホームファニシングストア（HFuS）：家具主力の専門大店。すまいを楽しく便利にするための設備や器具や装飾も扱う。

リミテッドアソートメントストア：低価格食品主力の小型総合店。高購買頻度のベーシックアイテム700〜1,250SKUに限定してショートタイム・ショッピングを狙うフォーマット。

意外なテーゼ「販売効率を一定に保つ」

　実はチェーンストア経営において最も大事なテーゼ（行動原則）は、（売場）販売効率を一定に保つことである。誰しも高い売上の方が好ましいと考えるものだから、想像を絶したテーゼであろう。

　チェーンストア経営の基本は、標準化のノウハウだ。一定の（売場）販売効率の前後に、どの店舗の（売場）販売効率も集中させることで、作業と業務の仕組みを標準化することが楽に実現できる。これによって、最低のコストで、最高の利益を確保することができるのである。

　したがって、チェーンストアでは、（売場）販売効率が非常に高い店があれば、その店の近くにわが社の新店を作り、（売場）販売効率を平均化しようとする。

　例外を排除し、店間格差をなくし、売れ行きを企業内で一定にするのだ。その際の販売効率の目安は、業界平均値またはそれをやや上回る値だが、実際には企業ごとに最も効率よく利益を出せる店舗をモデルとして、その店舗の販売効率で標準化することだ。標準化すれば、販売量予測が容易になり、在庫調整、人時数調整の精度が上がる。

　日本の流通業では、売上高と同様に商品回転率も高いことが、とてもいいことだと長い間考えられてきた。

　だが、商品回転率が高いということは、当然のことながら、作業量が増えていることを意味する。高くなればなるほど、作業量は増えるのである。さらに企業内の商品回転率がバラバラであることは、結果的にムダがある店舗とムリがある店舗が存在していることを意味する。

　だからチェーンストア・オペレーションにおける標準化の考え方は、販売効率および商品回転率が一定になるような商品構成を目指すのである。

標準化：いつでも、どこでも、誰がやってもベストな状態を維持すること。言い換えると、ミスや逸脱がない状態をつくること。画一化（同じ形にすること）ではない。

作業効率の改善で1人当たり面積の拡大を

そこで具体的に日本の小売業を点検してみよう。図表3－⑦は上場流通企業のフォーマット別の従業員1人当たり面積の年次変化をまとめたものだ。

どのフォーマットも1990年と比較すると拡大している。作業効率を上げ、人時数を多少は減らす努力をしてきたのである。

フォーマット別では、日スは2倍近く増えたものの、ここ10年の変化を見ると、かえって縮小してしまった。非食品の不振で、食品の売上高構成比が50％を超え、その分人時数が増えているからである。SMの場合は、2000年代に入ってほぼ変化がない。ドラッグストア（DgS）は2010年と比べ2坪ほどしか増えていない。都市部に店舗が増えて面積が小型化しているため、平均値も伸び悩んでいるのだ。HCの場合は、1990年と比べ3倍近く増加したものの、ここ10年はほぼ変動がない。衣料専門店は2010年よりも3坪ほど増えている。家電専門店はかなり増えたフォーマットだが、スポーツ専門店は減少している。FS業のカジュアルテーブルサービスレストランは1坪上昇した。

このように一部のフォーマットでこの10年停滞しているのは問題である。

一方、アメリカのチェーンストアの水準は大変高い。たとえば日本型HCの家庭用品売場や日スの非食品売場に類似するDSは、1人あたり面積が約40坪、SMは17～20坪、DgSは35～40坪、メガHCやスポーツ専門店は100坪、衣料専門店は36～40坪で、日本の2倍以上の効率を見せている。

こうした数字を見ると、日本の小売業もここ30年近く努力をしてきた企業が一部にはあるものの、大部分はアメリカの2分の1、3分の1のレベルという実態だ。改善速度はまだ遅く、今後はスピードを上げなければならない。

人手不足の今こそ業務・作業システムにメスを入れるチャンスである。

図表3－⑧は上場流通企業のうち従業者1人あたり面積が大きい企業を紹介したものだ。

図表3－❼ 上場流通企業フォーマット別の従業者1人当たり面積の年次変化
単位：坪

フォーマット		年 2019	2010	2000	1990
日本型スーパーストア		18.7	20.8	18.7	12.5
SM		10.6	10.2	10.2	8.0
DgS		22.0	19.8	11.6	—
HC		45.1	44.2	28.1	16.3
専門店	衣料	19.0	16.2	13.2	5.0
	靴	—	15.0	—	—
	スポーツ	27.0	28.9	—	—
	家電	34.7	26.3	16.9	9.4
FS	テーブルサービスカジュアル	7.9	6.9	6.1	5.4

日スではイズミの25坪が最大だが、突出して大きいとは言えない。総合ではミスターマックス・ホールディングス（HD）が39坪と大きい。衣料スーパーのしまむらは42坪もあり、標準化が最も進んでいる企業の1つだ。

　SMでは天満屋ストアが27坪と大きいのは日スのフォーマットも持っているからで、純粋にSMの企業ならばマミーマートの12坪が大きい。

　DgSではGenky DrugStores、薬王堂の名が挙がる。

　HCではコメリの81坪がダントツの数値だ。標準化と業務・作業システムの改善が進んでいることを示している。

　専門店でマークすべきは西松屋チェーンの46坪、ケーズHDの57坪、三洋堂HDの31坪、ニトリHDの34坪というところだ。

　実際にいま挙げた企業の店舗に足を運んで、店員がどのように動いているか、ストア・コンパリゾンをしなければならない。さらに同じフォーマットだけではなく、異なるフォーマットの店づくりの標準化と現場作業システムがどうなっているかをもっと学習すべきである。

図表3−⑧ 上場流通企業従業者1人当たり面積が多い企業

フォーマット		社名	直営店数	面積(坪)
日本型スーパーストア		イズミ	112	25.7
		平和堂	152	20.7
		インテリオール（非上場）	403	15.7
総合		ミスターマックス・HD（連結）	57	39.0
		パン・パシフィック・インターナショナルHD（連結）	418	12.4
スーパーマーケット		天満屋ストア	48	27.8
		バローHD（連結）	852	14.0
		マミーマート	75	12.3
		大黒天物産（連結）	135	11.6
		マックスバリュ西日本	182	11.1
		ベルク	111	10.5
		ハローズ	82	10.0
		アクシアルリテイリング（連結）	129	8.4
		関西スーパーマーケット	65	7.0
ドラッグストア		Genky DrugStores（連結）	218	41.2
		薬王堂	265	30.3
		コスモス薬品（連結）	912	23.5
		クリエイトSDHD（連結）	595	18.9
		ウエルシアHD（連結）	1,874	13.9
ホームセンター		コメリ	1,192	81.2
		DCMHD（連結）	671	47.1
		コーナン商事	346	38.0
		サンデー	105	37.0
バラエティストア		セリア	1,543	16.5
		キャンドゥ	700	16.2

フォーマット		社名	直営店数	面積(坪)
衣料スーパー		しまむら	2,147	42.1
紳士服		タカキュー	302	14.1
衣料		西松屋チェーン	1,004	46.2
		マックハウス	398	38.8
		パレモHD（連結）	478	13.0
		アダストリア（連結）	1,342	7.6
専門店	靴	チヨダ	1,047	26.9
	雑貨	良品計画	348	8.8
	眼鏡	ジンズ	349	4.6
	スポーツ	アルペン	433	29.7
		ゼビオHD（連結）	867	21.0
	家電	ケーズHD（連結）	494	57.6
		エディオン（連結）	436	20.0
	書籍	三洋堂HD（連結）	80	31.2
	家具	ニトリHD（連結）	505	34.7
	その他	藤久	308	22.5
FS	テーブルサービスカジュアル	カルラ	123	10.0
		ココスジャパン	512	8.0
		サイゼリヤ	1,085	7.4
		ジョリーパスタ	250	6.2
	ディナー	木曽路	170	6.0
サービス業		イオンファンタジー	446	24.0
		田谷	123	4.2

第4章

店舗現場の
数値を点検して
収益力を上げる

1

売場販売効率と商品回転率の常識と非常識

図表4−❶主要経営効率の計算公式とあるべき数値

番号	効率項目(単位)	計算公式	あるべき数値
⑫	売場販売効率 (小売業)	年純小売売上高÷年間平均総売場面積(坪)	株式公開企業の フォーマット別平均値 近くで一定に保つ ↓ 図表4−❷〜❺参照
	販売効率 (FS業とサービス業) (万円)	卸売上を除く年純売上高÷年間平均総店舗面積(坪)	
⑬	商品回転率(回)	年売上原価÷年間平均原価棚卸額 原価棚卸額＝商品＋材料＋仕掛品	
㉕	坪当たり在庫高 (小売業)	年間平均原価棚卸額または年間平均売価棚卸額÷ 年間平均総売場面積(坪)	株式公開企業のフォ ーマット別平均値を 下回ること
	同(FS業) (万円)	年間平均原価棚卸額÷年間平均総店舗面積(坪)	

売場販売効率と商品回転率についての思い込み

　一般に日本の小売業にとって売場販売効率、つまり売場1坪当たりの売上高が高いことはとても望ましいことと考えられている。店長評価も、社外からの評価でも、売上高（予算達成）か売場販売効率でランクづけされることが多い。売場販売効率は図表4−①の計算式で求める。

　さらに、商品回転率が高ければ、売場販売効率も高いというのが、これまでの常識だった。商品回転率の計算公式も図表4−①に紹介した。商品と材料の手持ち高が1年間に何回転したかを示す。

　50年ほど前に「流通革新」という言葉が登場したころ、急速な成長を見せ始めたビッグストアの成功の秘訣は、商品回転率が高い点にあると言われたものである。事実、当時注目されたビッグストアの売場販売効率は商品回転率とともに、一般の小売店の2倍以上を示していた。

　確かに当時は、商品回転率と売上高をどんどん上げれば、たとえ売上高上昇に伴って経費（人件費や事務費）が増えても、利益も十分に上がったものである。

図表4-❷ ビッグストアフォーマット別売上高と面積の変化

資料：①小売業の数字はJRC「ビッグストア基本統計2020年版」
②FS業の2000年の欄は2005年を採用、JRC「上場流通企業最新の業種・Format別・企業別経営効率集2005年版」、2019年はJRC「フードサービス実態調査2020年版」
註：1990年のホームセンターはハードグッズストアの数字を代用した

効率数値項目 発表年 フォーマット	1坪当たり販売効率(万円)			1店当たり売上高(億円)			1店当たり(売場・店舗)面積(坪)		
	2019	2000	1990	2019	2000	1990	2019	2000	1990
スーパーマーケット	290	378	459	12.4	13	11	428	365	292
ドラッグストア	183	253	—	3.8	4	—	215	152	—
ホームセンター	75	152	276	13.1	11	11	1,268	791	409
テーブルサービス レストランカジュアル	136	145	—	1.0	—	—	92	—	—

　しかしオーバーストアの今、構造的に売上高の増加は期待できない。

　図表4-②は売上高と面積の変化を示す表である。バブル経済が崩壊した1991年より前は店舗の面積を広げて商品を並べれば売上が上がったが、それ以降は面積を広げても1店あたりの売上高は伸びるどころか減少するようになってしまった。需要以上に店舗が乱立したからである。同時に売場販売効率も急減することになり、ほとんどのフォーマットで最盛期と比較して60～70％の減少率を記録している。

　このような状況にもかかわらず、売上高の責任を現場に求めれば、販促強化・接客強化などのための経費の方が高くなり、結果として営業利益が落ち込むことになる。

　売場販売効率と商品回転率はとにかく高い方がいいとする間違った思い込みは、1990年までにビッグストアへ急成長した日本型スーパーストア（日ス）やスーパーマーケット（SM）の業界に多く見られるようだ。

売場販売効率と商品回転率から分かる日米の違い

　そこで、商品関連の経営効率数値を日本とアメリカで比べてみよう。

　図表4-③の商品回転率の欄をご覧いただきたい。上段にアメリカチェーンの代表企業、下段に日本のフォーマット平均値を並べている。

　衣食住3大部門の総合店であるスーパーセンターのWalmartの商品回転率は8.7回転で、類似フォーマットの日Sと比較すると半分程度である。ただし、売場販売効率はWalmartの方が160万円と高い数字である。

　SMでは、アメリカのPublixは14.1回転とやはり日本の半分ほどの低さである。食品部門を主力とするフォーマットでは概して日本よりもアメリカの方が商品回転率はかなり低い。その事情は次のとおりだ。

①アメリカの食品小売の方が日持ちする商品の品種と品目の数が多い。コールドチェーンと賞味期限延長処理が発達しており、売場での温・湿度管理も徹底している。たとえば袋入りカットサラダの賞味期限は2〜3週間後で、その陳列線は800坪のSSM（スーパー・スーパーマーケット）で8m、1,200坪のCbS（コンビネーションストア）で12mに達する。

②日本独特の刺身魚は食さないので品揃えにない。切り身魚はサーモンやティラピアなど限定的な魚種のみ扱っているが、これも最近は冷凍が主力に変わってきている。

③アメリカではその日中に食べる物菜（Ready to Eat）はSMでなく、フードサービス（FS）業で用を足す習慣のため、日本に比べると扱いが少ない。代わりに1ヵ月近く日持ちするパッケージ入りの物菜類を扱う。

　ちなみにReady to Eatの食品を大量に扱うWhole Foods（店数505店）のような特殊SMでは、商品回転率が31.4回転と日本並みである。しかしこのような特殊なグルメスーパーは価格帯が高く、客層及び立地が限定的になるので、多店化しにくいフォーマットである。

　話を元に戻そう。以上のような事情が商品回転率が低くなる原因の一部だが、それだけでなく大きな影響を与えるのは商品開発の進行度だ。つまり原材料段階から自社でコントロール（所有）すれば材料・仕掛品として貸借対照表の資産が増え、それは売上げるまでに日数がかかる。そのため企業としての商品回転率の数字は現場での作業量とは直接関連付けられない。

　なお、アメリカは日本の1.5倍くらいの坪当たり在庫高がある。

　売場販売効率の方に注目すると、アメリカのPublixは225万円、表に入れ

図表4−❸商品関連収益性　日米比較(食品)

($1=100円)

〈A〉アメリカチェーンの事例

フォーマット・社名		粗利益率(%)	在庫高	1坪当たり(年・万円)			商品回転率(年・回)	利潤分配率(%)
				売上高	粗利益高	営業利益高		
SuC	Walmart(会社全体)	24.5	13.9	160	39.4	6.9	8.7	17.5
SSM	Publix	27.1	11.5	225	61.0	17.1	14.1	29.8

資料：各社annual report 2018からJRC計算

〈参考〉

		粗利益率(%)	在庫高	売上高	粗利益高	営業利益高	商品回転率	利潤分配率
特殊SM	Whole Foods	34.4	10.0	314	108.2	17.1	31.4	15.8

資料：annual report 2016からJRC計算

〈B〉日本の上場流通企業の事例

フォーマット	粗利益率(%)	在庫高	1坪当たり(年・万円)			商品回転率(年・回)	利潤分配率(%)
			売上高	粗利益高	営業利益高		
日本型スーパーストア	25.1	8.9	130.3	32.7	3.5	15.3	9.5
スーパーマーケット	24.7	7.9	272.4	67.2	6.0	26.7	8.5

資料：2019年7月4日発表までの最新本決算からJRC計算

ていないが、Albertsons Companies(店数2,269店)は191万円、Sprouts Farmars Market(店数313店)は205万円で、日本のSMは平均272万円だから明らかにアメリカの方が低く、商品回転率も低いだろうと推測できる。

　もともとアメリカの食品小売は、商品回転率を低めに抑える方が、商品管理など現場作業が楽になり、経費も低くなり、かえって利益率は高まると考えている。そのため、Publixのみならず多くのSSMチェーンは200万円前後の売場販売効率になるように出店している。

　さらにアメリカでは、売場を広くし、販売量に合わせて在庫を確保して、品種内の品目間商品回転率を一定にしている。その結果、定期・定量補充が可能となり、補充のための人時数を大削減し、利益率を高めているのだ。

　つまり、日本の食品小売の売場販売効率の高さが収益に結びつかない理由は、商品回転率が高すぎることと品種内の品目ごとの商品回転率が違いすぎることが、結果的に消費期限の摘発、商品発注、陳列・補充など商品管理の作業種類と人時数の増加をもたらし、労働コストを過大にしてしまうからだ。

　よって、日本もアメリカと同様に、低い売場販売効率を前提に、商品回転率も低くし、その分の作業量を減らして、作業能率を上げ、労働生産性を高めるというビジネスモデルを目指すべきだ。

　日本型スーパーストアの場合は、食品と非食品とを分離して考えたい。

コンビネーションストア(CbS)：スーパーマーケットと調剤を結合した超大型スーパーマーケット。

食品とは異なる傾向を見せる非食品の商品回転率

　次に非食品主力のフォーマットを図表4－④で見てみよう。ディスカウントストアのTargetは5.6回転、メガホームセンター（HC）のHome Depot（店数2,287店）は5.3回転である。一方、一般客向き生活雑貨とプロ向きハードグッズとを両方扱う日本型HCは3.6回転だ。売場販売効率はTargetが110万円、Home Depotは162万円も売っているのに、日本は69.4万円である。

　衣料専門店の場合は、アメリカのGap（店数3,666店）の4.9回転は、日本の平均値4.4回転と大きな差はないものの、American Eagle Outfitters（店数800店）は6.2回転と高い。

　なおGapは、坪効率の数字は発表されていないが、粗利益率が38.1％と、日本と比べ10％以上低いのに、利潤分配率は圧倒的に高いところに注目したい。

　家電専門店の場合は、アメリカのBest Buy（店数1,238店）が6.2回転、日本は5.9回転である。

　日本でも非食品フォーマットは商品開発が進んでいるが、やはりアメリカにはまだ追いついていない。非食品フォーマットではアメリカの方が概して坪当たり在庫高が高いのに、商品回転率と売場販売効率が高いのだ。

　これらの違いは、①アメリカでは死に筋カットに取り組んでいることがあげられる。詳細は106ページを見てほしい。次いで、②推測される販売量に合わせて陳列量を決めているので、客が売れ筋を見つけやすい。さらに欠品も起こりにくい。③客層とTPOSを限定しているので、客にとって無関係な商品はないから、広い売場でも客は回遊する。

　この点で全く逆なのは日本型HCだ。一般客向きとプロ向きの異なる2つの客層相手の商品を同一店内で扱っているため、客は別の客層の売場を自分には無関係な売場と認識し回遊しない。たとえ、一般客がプロ向きの売場に踏み込んでも、その中のどれが一般向きなのかが分かりにくいので結局購買決定ができない。もっと便利に探し出せる100円ショップなど他フォーマットへ行ってしまうのである。地価の高い日本で大型店を構えているのにそのスペースを活用しきれていないのである。

　今、売場販売効率と商品回転率の面で最も深刻な日本型HCは、異なる客層を対象とする現在のフォーマットを解体し、どちらか1つの客層向けの品揃えに集中する必要がある。それによって店内を回遊してもらい、買上点数をアップさせ販売効率を上げるのだ。

図表4−❹商品関連収益性　日米比較(非食品)

($1=100円)

〈A〉アメリカチェーンの事例

フォーマット・社名		粗利益率 (%)	在庫高	1坪当たり(年・万円) 売上高	粗利益高	営業利益高	商品回転率 (年・回)	利潤分配率 (%)
DS	Target	31.3	14.1	110	34.6	5.4	5.6	17.6
HC	Home Depot	34.3	20.8	162	55.7	23.2	5.3	39.1
衣料	Gap	38.1					4.9	21.5
衣料	American Eagle Outfitters	36.8	28.3	269	99.3	22.5	6.2	22.6
家電	Best Buy	23.2	43.6	346	80.3	15.3	6.2	19.0

資料：各社annual report 2018からJRC計算

〈B〉日本の上場流通企業の事例

フォーマット		粗利益率 (%)	在庫高	1坪当たり(年・万円) 売上高	粗利益高	営業利益高	商品回転率 (年・回)	利潤分配率 (%)
ホームセンター		30.9	14.8	69.4	21.4	3.2	3.6	13.1
専門店	衣料	51.6	20.3	130.6	67.3	7.3	4.4	9.1
	家電	29.4	34.5	164.6	48.3	5.2	5.9	12.9

資料：2019年7月4日発表までの最新本決算からJRC計算

　非食品の専門店は死に筋退治を行い、売れ筋のマス化品目数を増やすことによって販売効率を上げる必要がある。

　また、現在の面積が妥当であるかも再検討が必要だ。

　いずれのフォーマットも共通に行うべきは、売場販売効率、商品回転率、粗利益率、1坪当たりの営業利益高、1坪当たりの在庫高などの経営効率について、わが社の店ごと、部門ごと、品種ごとに調べて対策を立てることである。

補足

・アメリカでフォーマット別の平均値データが取れないのは、寡占化が進んだ結果企業数が激減したからである。確かにスーパーマーケット業界などはある程度の企業数があるが、非上場か、上場していても一部の数字を公表していないなどで平均値が取れない。

・掲載したフォーマット別の代表企業の数字が優れているのは、優秀だからこそ寡占化の過程で生き残ることができたと考えるべきだ。

・日本にももちろんアメリカ並みに高い経営効率を出す企業はあるが、その企業とアメリカとを比較しても勉強にはならない。そのため、日本の数値は平均値を使用している。

2

商品管理の原則からの
逸脱をただせば
数値は変わる

坪あたり在庫高は
自社で最良モデルを見つける

　分配率や生産性を示す経営効率と違い、商品在庫高（坪当たり在庫高）だけは一律に語れない問題だ。ほかの経営効率を見極めながら、ある企業は増やすべきであったり、別な企業は減らしたほうが良かったりと、計数管理上、ケースバイケースで、じつに判断がむずかしい数値と言える。

　具体的に上場流通企業の坪当たり在庫高と参考に商品回転率を見てみよう。ここでは企業数の多いSMとHCとカジュアル衣料専門店を取り上げる。次ページの図表4−⑤である。

　SMでは、坪当たり在庫高の平均は7.9万円で最小は天満屋ストアとマックスバリュ東北の5.9万円、最大はバローホールディングスの11.8万円だ。2倍の格差がある。

　同じく商品回転率の平均は26.7回転で最小はバローホールディングスの11.5回転、最大はアオキスーパーの56.0回転である。4.8倍の格差がある。

　また、同じ坪当たり在庫高でも、天満屋ストアとマックスバリュ東北では商品回転率が全く異なる。

　HCでは、坪当たり在庫高の平均は14.8万円で、最小は島忠の9.9万円、最大はハンズマンの22.8万円で、2.3倍の格差がある。

　同じく商品回転率の平均は3.6回転で、最小はコメリの2.1回転、最大はジョイフル本田の6.8回転で3.2倍の格差がある。

　カジュアル衣料専門店では、坪当たり在庫高の平均は20.3万円で、最小はパレモホールディングスの6.4万円、最大はファーストリテイリングの56.6万円で、8.8倍もの格差がある。

　同じく商品回転率の平均は4.4回転で、最小はマックハウスの1.8回転、最大はタビオの11.3回転で、6.2倍の格差がある。

図表4-❺上場流通企業の商品回転率と在庫高

フォーマット	社名	商品回転率(回/年)	坪当たり在庫高(万円)	フォーマット	社名	商品回転率(回/年)	坪当たり在庫高(万円)
スーパーマーケット	34社平均	26.7	7.9	ホームセンター	16社平均	3.6	14.8
	アークス(連結)	26.5	7.6		アークランドサカモト	4.6	—
	アオキスーパー	56.0	—		アレンザHD(連結)	3.8	—
	アクシアルリテイリング(連結)	35.2	6.3		エンチョー	2.7	—
	アルビス	35.2	—		カンセキ	4.5	—
	いなげや	28.6	7.8		ケーヨー	2.9	14.0
	エコス	21.4	8.4		コーナン商事	3.0	15.1
	オークワ	19.1	—		コメリ	2.1	15.9
	関西スーパーマーケット	31.8	10.0		サンデー	3.4	12.5
	ジャパンミート	19.2	—		島忠	4.8	9.9
	スーパーバリュー	16.1	—		ジュンテンドー	2.4	16.0
	ダイイチ	32.9	7.7		ジョイフル本田	6.8	—
	ダイエー(非上場)	21.6	—		セキチュー	3.6	—
	大黒天物産(連結)	22.6	8.4		DCMHD(連結)	3.0	12.8
	天満屋ストア	19.8	5.9		ナフコ	2.6	—
	ドミー	18.7	—		ハンズマン	3.7	22.8
	ハローズ	31.5	6.5		LIXILビバ	3.1	—
	バロー-HD(連結)	11.5	11.8	カジュアル衣料専門店	18社平均	4.4	20.3
	ベルク	26.8	9.4		アダストリア(連結)	5.8	19.1
	北雄ラッキー	17.5	9.9		A-P	4.7	—
	マックスバリュ九州	28.1	6.8		コックス	4.5	12.0
	マックスバリュ中部	30.5	6.6		シーズメン	3.7	24.2
	マックスバリュ東海	28.0	7.8		ジーンズメイト	2.8	29.6
	マックスバリュ東北	26.8	5.9		タビオ	11.3	—
	マックスバリュ西日本	20.5	8.3		TOKYO BASE	4.4	—
	マックスバリュ北海道	32.7	6.3		ナルミヤ・インターナショナル	4.1	—
	マミーマート	30.4	6.8		西松屋チェーン	3.5	11.4
	マルヨシセンター	22.3	—		ハニーズHD(連結)	2.7	12.3
	ヤオコー	37.6	—		バルグループHD連結)	5.6	—
	ヤマザワ	27.1	—		パレモHD(連結)	6.1	6.4
	ヤマナカ	26.5	8.4		バロックジャパンリミテッド	4.9	—
	ユナイテッド・スーパーマーケット・HD(連結)	28.6	—		ファーストリテイリング(連結)	2.8	56.6
	ヨークベニマル(非上場)	34.1	6.2		マックハウス	1.8	13.1
	ライフコーポレーション	20.3	11.7		ユナイテッドアローズ	3.5	—
	リテールパートナーズ(連結)	23.8	—		ライトオン	2.6	19.2
					ワールド(連結)	4.7	—

このように企業間格差が大きいことが分かる。

坪あたりの在庫高については、一応目安を「フォーマット別平均値を下回ること」としているが、実際には在庫の中身、つまり売れ筋が多いのか、死に筋ばかりなのか、原材料段階まで踏み込んだ商品開発を行っているのかなど、企業ごとにまったく対策が異なる。

そこで、あるべき数値や他社の数字はあまり気にせず、自社の最良モデルを導き出せばいいのである。

死に筋商品を定義する

　在庫高を問題にするとき、まず取り組みたいのは死に筋の発見である。

　では、どのようにして死に筋を見つけるのか。それは平均値などいくら分析しても仕方がない。方法はひとつだけだ。単品ごとに死に筋かどうかを判断していくしかないのである。

　私どもの定義では、品種ごとに年間平均商品回転日数の1.5倍を超えた単品と数量を死に筋としている。たとえば、年間6回転の部門、もしくは品種があったとすると、2ヵ月、つまり60日に1回転していることになるので、わが社の資産勘定に計上（納品）されたときから60日の1.5倍である90日を超えて在庫している商品を、死に筋とみなすのである。その在庫がベンダーへの預け在庫、ディストリビューション・センター（DC）在庫、または店の後方在庫、その時点で店の売場に陳列されている商品……どこであろうと、とにかく定義に該当する商品は、すべて死に筋とみなすのである。

　こうして点検してみると、売れ筋商品の中にも死に筋が含まれていることが分かる。単品単位で調べてみて、売れ筋在庫のあるべき数値（実際の販売量）が100個であるという商品であるにもかかわらず、在庫が120個ならば、そのうちの20個分の過剰在庫は死に筋とみなさなければならない。

　こうした作業を単品単位で綿密に繰り返すのだ。

　すでに気づいたことと思うが、商品回転率は、単に年間の回転数を見る数値ではなく、死に筋を定義付けする尺度として活用する経営効率なのである。数値が多いのか、少ないのかという点のみを気にして、フォーマットの平均値に近付く努力をすればいいというものではない。商品回転率はひとつひとつの単品ごとに死に筋を追いかけるために存在している。

　この作業を的確に推し進めると、店舗の売場販売効率は一変するはずだ。

　結論は、この二点である。

①年間平均商品回転日数の1.5倍を超えて在庫となっている単品を見つける

②売れ筋と思われている中に、死に筋在庫量がどれだけあるかを調べる

単品（SKU）：生産者や流通業者にとっての最小分類。JANコードで表される単位。同じ単品であっても、客にとっては別品目（価値が違う）の場合がある（品目とは客から見た選択肢のこと）。一方、同一品目でも別単品（代替可能）の場合もある。品目と異なり単品は客観的に区別できるが、そのデータだけでは客の求めるものはわからない。

死に筋の判定は現場で行い、慎重にカットする

　このような手続きで死に筋の候補を探すことはできるが、判定は現場で行うことであって、本部にいるままいくら数字をにらんでいても進まない。なぜならば、実際に店舗に行ってみると、データでは死に筋と思われた商品が、①店舗後方に置きっぱなしになっていたり、②分類が適切でなかったり、③障害物があるために客に発見してもらえなかったり、という別の原因で売れなかったということがあるからだ。

　店舗現場でこのように別の原因で売れていなかった問題をまず解決し、それでも売れない商品について、単品の問題なのか数量の問題なのかを調査と実験によって見極めなければならない。

　この際注意しなければならないのは、1店だけのデータで決定してはならないということだ。なるべくエリア内全店の商品回転率を見るべきである。

　さて、このような手続きで死に筋を判明しても、それをそのまま機械的にカットしてはならない。

　品目とは客にとっての最小分類である。店にとっての最小分類は単品（SKU）であるが、SKUが異なっても客は同一として使用するものは多い。SKU単位の販売データをそのまま活用するのでなく、客はどのSKU同士を同一TPOSで区別せず使用しているのか分類してみなければならない。

　また、関連購買も問題である。たとえば本体の道具とそれを使用するための消耗品とメンテナンス品などは相互に関連する。メンテナンス品は専ら購買頻度が低いが、これがあることで道具と消耗品が売れるのだ。

　したがって大きな分類の方から順に自社のフォーマットとして揃えなければならない品種と品目を決めていかなければならない。

　売れていないからといって、機械的に単品をカットしてしまうと、それまで売れていたものまで売れなくなってしまうこともある。

　逆にある単品をカットしたことによって代替品との補完関係が判明し、集約されてかえって大量陳列となり、買いやすくなることもある。

　死に筋の定義に従って、現状の品揃えを調査してみると、予想外に死に筋が多いことが分かる。企業によっては全単品数の9割に及んでいた例もある。数量の面でも、死に筋なのに売れ筋とほぼ同じ陳列量となっている例も多い。

　そのため、時間はかかるが地道に死に筋退治を進めると、売場に相当なスペースが生まれることになる。

ユニット・コントロールがもたらす
商品関係数値の向上

　商品構成の改革のために、取り組みたいのがユニット・コントロールである。死に筋退治は重要な対策であるが部分の改善にすぎない。それだけでは商品関連の数字は向上しない。

　ユニット・コントロールとは、商品を分類する単位を決め、その単位ごとの販売数量実績を陳列数量と比例させることだ。日本ではユニット・コントロールのことを単品（SKU）管理と訳すが、正しくない。販売データに基づいてSKUの動向だけで判断することになり、弱点は先に述べたとおりだ。

　ユニット・コントロールの流れは、次のとおりである。

　　　①現状の赤字部門をやめる。フォーマット上その部門をやめられないなら、再編して黒字化するのか、売場貸しをするのかを決める
　　　②部門内はTPOSの範囲内で客層が広く販売頻度の高いベーシックな品種を揃える
　　　③TPOSを絞り込んで該当する商品ラインに徹底する（効率の悪い商品ラインはカットする）
　　　④次いで価格ライン（売価の種類数）を少なくする
　　　⑤売れ筋の商品ライン内の品目を増やす
　　　⑥売れ筋品目を拡大（マス化）する
　　　⑦結果、ラインロビングできる

　このように単位は部門→品種→商品ライン→価格ライン→品目と徐々に細分化する方が有効だ。狙うTPOSで互いに関連する組み合わせを完全にするためである。

　陳列量は、売れる商品は大量に、あまり売れない商品は少量とする。つまり品目ごとの陳列量を販売量に比例させ、陳列量に大幅な格差をつけるのだ。

　この結果があるべき棚割りとなり、これを基に標準化を進めるのである。

　あるべき棚割りが決まれば、なんとなく発注してしまったことによる過剰在庫や、発注忘れによる欠品は発生しなくなる。最近は自動発注が進んでいるが、あるべき棚割りを決めずに進めても精度は低い。

　つまりユニット・コントロールの目的は、①スペース生産性の向上、②商品回転率の標準化、③棚割りの標準化、これらの結果として販売効率と労働生産性を大幅に向上させることである。

新商品開発より前に商品管理の基本に戻れ

　ここ数年、経済状況が厳しさを増すにつれて、商品を安く売らなければならない、しかも品質も高めなければならないと言われることが多い。他方、成功した事例が大きく報道されるためか、商品開発を活発に行なうことが必要だとも言われている。

　だが、まずは商品管理の基本問題と取り組むことが先である。制度としてユニット・コントロールのできる体制がない限り、企業としての本筋の戦闘力はつかない。

　具体的には、店舗運営部、商品部、物流部の三者合同で13週に1回は必ず、重点を絞った同じテーマについて、調査を繰り返すことである。

　この問題に真剣に取り組むと、約3ヵ月で効果が出始める。商品回転率が上がり始めるのだ。

　13週に1回で年4回、三部門が調査・分析・実験を繰り返して改善に取り組めば、特に非食品の商品回転率は1年で相当向上するはずだ。

　これに対して商品開発はそう簡単に結果は出ない。

　非常に順調に進んだときで6ヵ月、通常ならば1年以上たたないと日の目は見ない。商品の品質を改めて決め直すトレードオフに取り組むことになれば、3年はかかる。

　しかし、ユニット・コントロールは3ヵ月で効果が出るものなのだ。

　そういう目でもう一度、105ページの図表4−⑤の数値を見てもらいたい。このまますぐに使える経営効率の数値ではないが、ヒントは山のように詰まっている。それはまさに使い方次第で宝の山となる。

ラインロビング：品揃えの総合化の手法。品種ごとに特定の価格帯に属する商品を揃え（商品ライン）、他社からお客を奪取（ロビング）すること。同じ購買頻度・来店頻度の商品に絞って、売価の上限と下限の幅を縮め、互いに関連する品種を少しずつ増やしていく。

トレードオフ：製品ごとの品質を使う立場から決め直すこと。チェーンストアのPBの機能と価格の決め方の基本。売価を引き下げるために、不要な機能を捨てて、逆に不可欠な機能を徹底し、より便利な商品を作ること。

3

損益分岐点売上高比率で コスト・コントロール

経営計画に欠かせない損益分岐点

経営計画を立てる際に不可欠の経営効率の一つに損益分岐点売上高がある。

目標とする利益を先に設定し、それを確保するためには売上高がどれだけ必要になるかを算出するのである。

「売上高を高めたいから」、「前期比○％増としたいから」と、売上目標を先に掲げても利益が確保できるとは限らず、実効性の乏しい計画になる。

経営計画とは、企業としてのビジョン、これまでの営業実績、競争関係、外部環境の変化などから目標とする利益を設定し、経費を売上高の増減に関わらない固定費と売上に連動する変動費とに区別して、かかる費用を検討し、目標利益を達成するために必要な売上高を想定するものだ。

図表4−⑥を見てほしい。

損益分岐点とは、損益ゼロのときの売上高のことで、その売上高を超えれば利益が増え、逆に、その売上高を割れば赤字となる。通常は売上高比率（％）で表し、たとえば、損益分岐点売上高比率が80％であれば、売上高が20％減ってしまうと赤字になり、95％であれば売上高

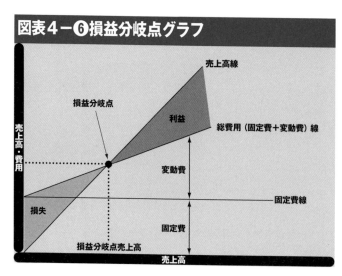

図表4−⑥損益分岐点グラフ

売上高線
損益分岐点
利益
総費用（固定費＋変動費）線
売上高・費用
変動費
固定費線
損失
固定費
損益分岐点売上高
売上高

が５％減ると赤字になる。つまり、この数値は、売上高の増減で黒字か赤字かが分かるじつに単純な目安である。

　その計算公式は、図表４－⑦のとおり。この公式でむずかしいのは固定費、変動費の区別である。図表の下段にその区分を記したが、このようにして、費用をすべて書き出す必要がある。

　企業によって区分の仕方が若干異なるが、※印のある科目に注目してほしい。それらは変動費に区分されるのが通常だが、チェーンストアでは多店化対策と、本部の調査・実験と、スペシャリスト育成のため固定費と考えたい。業績が悪くなってきたからといって、安易に削減したくない科目である。

　経営計画策定は本部側の任務だが、店舗で経費のコントロールを実際に行うのは、オペレーション・マネジャーの任務である。

　第２章では経費を使用目的大分類で分けてコントロールする分配率管理を説明したが、ここでは固定費か変動費かの分類である。

　なお、この区別は販売費及び一般管理費（経費）だけでなく、売上原価も対象であるが、店舗現場で問題なのは、経費の方だ。

　つまり、使用目的は同じ「人件費」でも「フルタイマーの給料・手当」、「教育訓練費」は固定費、「パートタイマーの給料・手当」、「賞与」は変動費だから区別して検討しなければならない、ということだ。

図表４－❼　主要経営効率の計算公式とあるべき数値

番号	効率項目(単位)	計算公式	あるべき数値
㉖	損益分岐点売上高比率(%)	固定費÷{1−(変動費÷営業収益高)}÷営業収益高×100	70%台(まずは80%台へ)
		変動費＝売上原価、販促費など売上高の増減に比例して変化する費用	
		固定費＝変動費以外の費用	

変動費に分類	固定費に分類	
売上原価	役員報酬(賞与含まず)	消耗品費(包装費を除く)
従業者給料・手当(パートタイマー分)	従業者給料・手当(フルタイマー分)	通信費
従業者賞与	厚生費	慶弔費
広告宣伝費	法定福利費	寄付金
販売手数料	求人費	保険料
販促費	退職金	租税公課(固定資産税・印紙税・
包装費・荷造費	地代家賃	事業税・延滞税のみ、法人税・
装飾費	什器備品リース料	住民税は含めない)
業務委託費	水道光熱費・燃料費	※修繕費
販売用消耗品費	雑費	減価償却費
配送費・車両費	※教育訓練費	
ポイント引当金繰入額	※調査・研究費	
(役員)(業績)賞与引当金繰入額	※旅費・交通費	註. ※印はチェーンストア独特の考え方

損益分岐点売上高比率の合格点は70%

さて、損益分岐点売上高比率の合格点は70%台である。

損益分岐点が90%より高い数値の場合、現場では固定費用削減対策と真っ向から取り組まなければならない。本来は①売上高を急増させる、②変動費を減らす、③固定費を減らす、と三つ対策はあるが、これまで述べてきたように1店当たりの売上高を今後のばすのは至難のわざだ。さらに変動費と固定費を比べたとき、てっとり早くできるのは固定費のほうだからである。

企業全体では、店を出店し続ける、ネット販売など新たなチャネルを開拓するなど売上高を高める努力をするのか、抜本的なリストラに取り組み、大幅なコストダウンをするのか、トップマネジメントが速やかに決定しなければならない。

図表4－⑧は、上場流通業の損益分岐点売上高比率をまとめたものだ。実際に、全体の49%の上場企業は、損益分岐点売上高比率が90%台である。すなわち、流通業の約半数は、今後、売上高が1割減っただけで赤字に転落するという極めて脆弱な体質で、リストラ必至という状況である。

次いで、努力を要するレベルが80%台で、上場企業の29%を占め、先の90%台と合わせると、8割近くに達する。その多くは、固定費の比率の高さが、収益性の足を引っ張っている。

合格点である70%台以下の企業は12%しかない。

このほか、すでに赤字転落の企業も25社、構成比にして9.7%もある。

こうした厳しい現実を見ると、日本の大手流通企業にとって最も重要なマネジメントの課題は、損益分岐点を下げるためのコスト・コントロール対策を実行することと言える。

図表4－❽上場流通企業の損益分岐点売上高比率の分布

| | | 損益分岐点売上高比率 | | | | |
		× 90%台	80%台	○ 70%台	◎ 70%未満	×× 赤字
集計 企業数	総計			257		
	計	126	75	26	5	25
	構成比(%)	49.0	29.2	10.1	1.9	9.7

財務体質を
示す数値で
企業の将来を知る

1

自己資本構成比率で
倒産危険度が分かる

図表5-❶主要経営効率の計算公式とあるべき数値

番号	効率項目(単位)	計算公式	あるべき数値
⑦	自己資本構成比率(%)	純資産合計÷資産合計×100	30%以上、なるべく40%以上
⑧	インタレスト・カバレッジ(倍)	年間(営業利益＋受取利息＋ 受取配当金)÷(支払利息＋社債利息)	なるべく20〜80倍、2倍未満は資金繰り火の車、5〜10倍はギリギリ、80倍以上は未来投資遅延の疑い

損益計算と資金繰りはまったく別のもの

　不景気を象徴するのが企業の倒産情報である。ある日、新聞に"売上高が数年前より何割も減少して倒産、負債総額は何十億円"といった記事が載る。

　こんな記事が出るせいで、たいていの人は会社が倒産するのは、大幅な赤字か、赤字が継続したときと思っている。

　もちろん、赤字が何年も続いていて改善の兆しがいっこうに見えない企業を待ち受けるのは倒産という厳しい現実だが、黒字だからといって、倒産しないというわけではない。

　そもそも倒産の直接的な原因は、赤字であろうが、黒字であろうが、資金繰りの行き詰まりにある。赤字が続いていても、まだ資金繰りがなんとかなっているうちは倒産しないし、しばらく黒字が続いていたとしても、今月の資金繰りの目途がつかない会社は支払いが滞り、倒産する。つまり、損益計算と資金繰りは、まったく別のものなのである。

　急激な事業の悪化に見舞われても、なんとか資金が調達できれば当面の経営危機は乗り越えることができる。そして、すぐにまずは3ヵ月、半年、1年といった期限を設けて、資金繰り対策を積み重ねた企業には、生き残る道が開けていく。

　そう、ここで言う資金とは現金、当座預金、普通預金など現金またはただちに現金化でき、支払いに使える物のことだ。たとえ帳簿上売上が上がり、利益がプラスになっていても、すべてが資金に使えるわけではない。定期預

金、売掛金、貸付金、不動産などはただちに現金化できないので資金として使えない。

　資金繰りとは支出すべき時に支出できるよう現金（資金）を用意できるように管理することだ。そのために、資金繰り表を作成して、支払いに備えることが望ましい（作成の仕方は117ページ）。

　それでは、そもそもなぜ資金繰りの悪化が生まれるのか。

　原因の一つは、自己資本不足である。自己資本とは、返済不要の資金であり、その額が大きければ、借入を起こす際の信用力にもなる。その指標となるのが自己資本構成比率だ。前ページの図表5－①のように純資産を資産合計で除した数値（%）で、純資産（自己資本）とは、払込資本金（資本金と法定準備金）と蓄積利益（利益剰余金）の合計額である（図表5－②）。

　標準となる数値は、最低でも20%などと言われてきたが、流通業でビッグストアづくりを目指すのであれば、30%以上は必要である。成長企業は、ほとんどが40%を確保している。

　今日ではビッグストアとなった大企業も、創業（または企業化）当初は払込資本金がわずか数百万円であった。

　だが、ビッグストアづくり、さらにチェーンストアづくりという大きな目標を立てた経営者は、実現のための第一歩が増資だと認識したのである。自己資本とは、払込資本金と蓄積利益しかない。

　そこで、自己資本構成比率を高め、資金繰り対策を万全にしておくために、経営者は家庭の生活費を大幅に切り詰めることで増資をしていった。第三者からみれば、無理だと思われるほどの切り詰めだったはずだ。それは大きな目標を設定した者にしかできないことである。

　もちろん、それだけでは限りがあるから、親戚、幹部社員、取引先などにも協力を仰ぐわけだが、経営者の並々ならぬ覚悟が実現の道を切り開いたのだ。

図表5－❷貸借対照表の貸方＝負債および資本の部内訳例

負債（他人資本）	流動負債 　支払手形 　買掛金 　短期借入金 　その他
	固定負債 　長期借入金 　社債 　その他
純資産（自己資本）	資本金 法定準備金 利益剰余金

自己資本構成比率の実態

　このように初期段階では盤石ではなかった自己資本は徐々に強化され、現在は、すでに上場を果たした企業の大部分があるべき数値を達成している。

　図表5－③で上場流通企業の自己資本構成比率の現状をフォーマットごとに見ていこう。なお、図表内に出てくるインタレスト・カバレッジ・レシオについては、3節で解説する。

　ほとんどのフォーマットは40％どころか50％を超えていて、合格の数値である。呉服と雑貨で低いのは、集計企業数が少ないこととそのうちの数社の業績が悪化したためだ。

　その一方で、専門店の紳士服、靴、惣菜は業界平均で60％を超えている。その安定ぶりは評価すべきだが、だからといってチェーンストア経営の場合、無借金経営がベストという訳でもない。多店化のための投資資金源として借入金も選択肢の1つである。

　なお、1960～80年頃は、小売業もフードサービス（FS）業もまだ、自己資本構成比率が低い状況であった。しかし、経済成長とともに企業の売上も右肩上がりに増えていたため、蓄積利益のみならず、「回転差資金」を活かすことができた。その詳細は2節で説明する。

図表5－❸ 上場流通企業のフォーマット別資金状況

フォーマット			自己資本構成比率(%)	インタレスト・カバレッジ(倍)
日本型スーパーストア			51.0	78.9
食品主力総合			42.8	15.4
スーパーマーケット			45.9	192.2
ドラッグストア			48.6	1,312.3
ホームセンター			47.8	33.1
バラエティストア			57.9	—
専門店		紳士服	63.7	141.6
		衣料	54.8	170.4
		呉服	38.9	—
		靴	65.2	2,206.1
		雑貨	34.7	98.7
		眼鏡	58.6	98.6
		宝飾	57.2	1,391.1
		スポーツ	51.8	187.3
		家電	49.8	51.1
		家具	57.1	369.7
		惣菜	75.6	—
リサイクル			53.5	64.2
FS	テーブルサービス	カジュアル	57.0	1,037.2
		ディナー	45.4	112.0
		焼肉	58.1	—
	直営主力	回転寿司	49.1	188.4
		麺・丼	44.5	3,040.1
		居酒屋	46.0	3,227.0

資金繰り表を作成して管理する

　先の資金繰り表について補足説明しておく。

　重要なことは支払うべきときに資金を用意することである。そのためには資金繰り表を作成して、入金と出金の計画を立て、そのとおりに進行させることだ。特に、売掛金の回収は厳密に見積もりたい。

　決算書として作成する損益計算書やキャッシュ・フロー計算書は過去のお金の流れをつかみ正確に記録するものである。それらをきちんと作成すれば、資金繰りが上手くいくというわけではない。

　一方、資金繰り表とは将来に備える計画書なのである。

　図表5−④に月次資金繰り表の例を載せたので参考に見てほしい。

図表5−❹月次資金繰り表の例

		××年○月 実績	××年○月 実績	××年○月 実績	××年○月 実績	××年○月 予定
	前月末残高					
事業活動に伴う収支	現金売上					
	売掛金回収					
	手形期日入金					
	営業収入計					
	現金仕入					
	買掛金支払					
	手形期日決済					
	人件費					
	諸経費					
	営業支出計					
	営業収支					
	受取利息・配当金					
	雑収入					
	営業外収入計					
	支払利息					
	営業外支出					
	固定資産売却					
	設備収入					
	固定資産購入					
	設備支出					
	設備収支					
	経常収支					
資金調達活動に伴う収支	借入調達					
	財務収入					
	借入返済					
	財務支出					
	財務収支					
	収支過不足					
	今月末残高					

2

資金繰りの要諦は
回転差資金にあり

図表5−❺主要経営効率の計算公式とあるべき数値

番号	効率項目(単位)	計算公式	あるべき数値
⑬	商品回転率(回)	年売上原価÷年間平均原価棚卸額 原価棚卸額＝商品＋材料＋仕掛品	株式公開企業の フォーマット別平均値 近くで一定に保つ
⑭	販売資産回転率(回)	年売上原価÷年間平均販売資産 販売資産＝売掛金＋受取手形＋原価棚卸額	販売資産回転率＞ 支払勘定回転率×2 (なるべく×3)
⑮	支払勘定回転率(回)	年仕入高÷年間平均支払勘定 支払勘定＝支払手形＋買掛金＋電子記録債務	
⑯	回転差資金(円)	$\dfrac{年売上原価}{365} \times \left(\dfrac{365}{支払勘定回転率} - \dfrac{365}{販売資産回転率} \right)$	なるべくプラスに なること

調達コストが唯一ゼロの資金源を
利用しない手はない

　資金繰り対策で重要な指標となるのが、回転差資金（円）である。計算公式は、図表5−⑤のとおり。販売資産の回転率と支払勘定の回転率の差で捻出される余裕資金のことだ。その理屈を図表5−⑥で示す。

　あるべき状況は必ずプラスになることだ。

　単純に概念を説明すると、売上代金の入金が早くて、逆に取引先への代金支払いが遅ければ、その差額が企業内に滞留する。同じように売上代金の金額が大きくて、支払代金の金額が小さければその差額も企業内に残るということだ。その数値を回転率から算出したのが、回転差資金ということになる。

　たとえば、店やセンターの数と面積とを増やして規模拡大をしようとして、必要な投資資金を調達する際に、その資金の出所として、最も有利なのが、この回転差資金である。理由はコストゼロで調達できる唯一の資金源だからだ。こ

図表5−❻回転差資金の仕組み

B/S

受取勘定	支払手形
棚卸資産	買掛金
回転差資金	

れを利用しない手はない。

　一般に投資に向けられる資金で考えられるのは、第一に払込資本金だが、これは株主に配当をしなければならず、結構なコストがかかるものだ。たとえば、株主に５％の配当をするつもりならば、経常利益は倍である10％以上を用意しなければならない。

　次の手段として、銀行からの借り入れ、社債の発行なども考えられるが、低くても0.3％、場合によっては10％弱の金利コストがかかってしまう。

　この点、回転差資金を調達するコストはまったくかからないのだから、経営のトップ、財務担当者は、もっとこの資金の活用を真剣に考えなければならない。

　こうした回転差資金を活用できるのは、流通業界の特質だ。他の産業は企業間の取引が主で売上げは売掛債権の形で計上されてしまい、実際の入金は当分後になる。しかし消費者との取引で売上げを上げる流通業界では現金、キャッシュレスでもプリペイドカードやデビットカード取引の割合が高く、即日入金されるから販売資産回転率が高くなるのである。

　１品単価が低く、在庫日数の短い食品小売業やFS業はことさらその傾向が強い。

　実際、1960年代から1980年代のビッグストアの急成長はこの回転差資金を活用したものであった。

　もう一度、前ページの図表５−⑤の計算公式を確認しよう。

　年売上原価を一定とすると、公式のカッコ内の数値を大きくすれば回転差資金も大きくなる。ということは、売上代金の回収が早くなると販売資産回転率の数値が大きくなり、取引先への支払いが遅くなると、支払勘定回転率の数値が小さくなって、回転差資金を増大させることができる。

　次ページの図表５−⑦は上場流通企業のフォーマット別販売効率・回転差資金である。商品回転率（回）、販売資産回転率（回）、支払勘定回転率（回）、そして回転差資金がプラスとなっている会社とマイナスとなっている会社の数を列記した。

　スーパーマーケット（SM）、FSの焼肉、回転寿司、居酒屋では、ほとんどの企業の回転差資金がプラスになっている。逆に、ほとんどの企業がマイナスとなっているフォーマットもある。

　この格差は、当然のことだが、販売資産回転率と支払勘定回転率の数値にある。SMを見てもらいたい。販売資産回転率が支払勘定回転率の約２倍と

図表5-❼ 上場流通企業のフォーマット別販売効率と回転差資金

フォーマット(集計社数)		商品回転率(年・回)			販売資産回転率(回)			支払勘定回転率(回)			回転差資金(社)	
		平均	最大	最小	平均	最大	最小	平均	最大	最小	＋	−
日本型スーパーストア(7)		15.3	27.6	7.0	12.1	23.1	6.6	12.8	20.5	7.1	3	4
食品主力総合(3)		8.2	9.9	5.7	7.6	9.4	5.3	9.2	10.5	7.6	0	3
スーパーマーケット(34)		26.7	56.0	11.5	22.2	55.9	9.3	11.9	17.8	7.1	30	4
ドラッグストア(14)		6.7	10.1	5.4	5.6	10.1	4.1	6.2	8.2	4.6	3	11
ホームセンター(16)		3.6	6.8	2.1	3.2	5.9	1.9	7.1	16.9	3.5	0	16
バラエティストア(3)		6.3	8.0	4.6	5.7	7.4	3.4	7.2	11.1	4.8	1	2
専門店	紳士服(6)	2.4	4.3	1.2	1.8	2.9	1.1	6.4	20.0	2.5	0	6
	衣料(17)	4.4	11.3	1.8	3.0	5.4	1.7	7.5	22.4	2.8	4	13
	呉服(3)	3.0	5.0	1.8	1.5	2.4	0.6	11.4	21.2	3.5	0	3
	靴(3)	1.6	1.9	1.3	1.5	1.8	1.2	4.2	7.2	2.5	0	3
	雑貨(4)	2.9	4.9	1.2	2.1	3.0	1.1	9.6	16.1	3.9	0	4
	眼鏡(4)	2.5	3.5	1.6	1.6	1.9	1.2	8.0	9.7	4.6	0	4
	宝飾(6)	1.0	2.0	0.4	0.8	1.5	0.4	14.3	45.1	2.7	0	6
	スポーツ(3)	2.2	2.8	2.0	1.9	2.5	1.5	3.5	4.1	3.2	0	3
	家電(11)	5.9	22.1	3.1	3.2	5.1	1.4	12.3	25.6	7.6	0	11
	書籍(3)	2.1	2.6	1.4	2.0	2.5	1.3	3.8	7.2	1.8	1	2
	家具(4)	3.1	5.3	1.8	2.2	3.6	1.4	10.9	15.6	8.5	0	4
	惣菜(3)	22.9	28.2	12.9	7.4	12.6	4.1	14.5	16.8	11.7	1	2
リサイクル(5)		2.8	4.7	1.2	2.5	4.4	1.1	111.5	187.3	39.8	0	5
FS テーブルサービス	カジュアル(15)	37.4	109.1	7.7	17.7	89.1	4.7	11.3	20.7	7.9	7	8
	ディナー(16)	30.4	78.2	0.8	7.5	14.0	0.7	10.4	20.4	6.2	4	12
	焼肉(3)	47.0	54.2	39.1	16.2	21.5	11.7	9.7	10.9	8.5	3	0
直営主力	回転寿司(5)	63.9	77.4	49.3	24.6	35.6	13.0	10.1	12.8	7.4	4	0
	麺・丼(7)	31.8	59.0	8.9	18.6	47.5	6.9	12.3	15.9	8.4	3	4
	居酒屋(17)	59.4	110.7	21.6	15.7	28.8	6.7	9.0	13.6	4.3	16	1

なっている。売上高のうち入金された現金が、小売業側に滞留する期間が長くて高額だということだ。

その反対が、HCで、販売資産回転率より支払勘定回転率の数値のほうが大きい。商品の回転率が低いのにベンダーへの支払いが早い、つまり入金額より支払額がいつも多くて、企業内に資金の余裕がないということだ。

さらに余裕がないのは、専門店の紳士服、宝飾、スポーツ、家具といったフォーマットの企業だ。ほとんどの企業で回転差資金は大きくマイナスとなっており、必要な資金は、回転差資金以外から調達しなければならない。

クレジット売上を抑えると回転差資金が増える

　ところで、ここで紹介した商品回転率（棚卸資産回転率）と販売資産回転率を比較すると、後者の方が数値が小さくなる。たとえば、日本型スーパーストア（日ス）では商品回転率が15.3回、販売資産回転率は12.1回である。SMは商品回転率が26.7回で、販売資産回転率が22.2回である。同じように支払いが行なわれているようでも、実際は支払いに関する締め日と精算日の設定によって、二つの回転率は違ってくるものだ。

　分かりやすく説明すると、商品回転率が年12回とすると、在庫高は平均して30日間で1回転していることになる。ところが、消費者がクレジット・カードで支払いをする場合、販売資産回転率は年9回となってしまう。

　毎月、クレジットの精算が行なわれているのだから、クレジットであっても売上金は毎月回収できると考えがちだが、実際は締め日と精算日の決め方によって、平均すると45日後に精算されることになる。結果として販売資産回転率は9回となってしまうのである。これが、二つの回転率に差が生まれる原因だ。

　販売資産回転率と商品回転率は、単純に考えると正比例しているように思われがちだが、実際は売上高に占めるクレジット販売額の割合が増えるほど、商品回転率より販売資産回転率のほうが低くなり、商品回転率との差が広がることになる。

　したがって、現金で売る店とクレジットで売る店とでは資金繰りがかなり違ってくる。両者を比較すると、当然、クレジット支払いの消費者が多い店は資金繰りが不利になる。昔から急速成長した企業ではクレジット売上高を全体の1割から2割以内に収める努力をしてきた。それは、手数料だけでなく、調達コスト不要の回転差資金の活用を考えてのことなのである。

商品開発が進めば回転差資金はマイナスになる

　124ページからの図表5－⑧は上場流通企業の回転差資金を一覧にしたものだ。マイナスの企業が多いことが分かる。

　日ス、ドラッグストア、FSなどは、以前は少なくとも半数の企業の回転差資金がプラスであった。支払勘定回転率よりも販売資産回転率の数値が上回っていたのである。

　だが、回転差資金がマイナスとなっている企業の顔ぶれを見ると、昭和の高度経済成長期とは異なる動きが分かる。

　それは本格的商品開発の始動である。原材料段階まで遡って所有権を持つ場合は、メーカーと同じように材料、仕掛品の資産が計上される。当然売上まで日数がかかるのだから商品回転率及び販売資産回転率が低くなり、対して支払勘定回転率が高くなるため、回転差資金はマイナスになってしまうのだ。

　特に非食品はそれが進んでおり、HC、衣料専門店、スポーツ専門店、家具専門店と、FS業などはマイナスの企業が多いのである。

　とはいえ、マイナスがいいわけではない。

　売上とは反対の支払いの面から考えると、支払サイトを延ばすことができれば支払回転数が小さくなり、回転差資金を増やすことができる。

　この交渉をする際に注意しなければならないのは、商品部のバイヤーがベンダーに支払サイトを延ばす交渉を何度もしてはいけないという点だ。コスト不要の資金確保に熱心になるのはいいのだが、あまりに回数が増えたり執拗に行ったりすると、相当資金繰りに困っていて間もなく経営危機に陥るのではないかと疑われてしまう。そうなるとベンダーは売れ筋商品を納入しなくなり、死に筋ばかりをあてがわれることにもなりかねない。

　昔から、商業の世界で支払いを延ばす行為は取引先から信用をなくし、仕入原価の引き上げを生むことが多い。

　ただし、支払サイトの見直しをベンダー側から提案されることは、常識からはあり得ない。相手側からすれば売掛金の回収は重要課題だからだ。

　それなのに、現状を調べてみると、支払サイトの改善に関してだけ、なぜか手付かずのままの企業が多い。5年、10年を超える取引がベンダーとあって、取引価格、数量、納品状況などは毎年変わっているのに、支払サイトだけはまったく変わっていないこともある。

それでは、どのようにして支払サイトの交渉をすればいいのか。

　まず、支払サイトに関する交渉は、経営トップと財務担当スタッフ、商品部長の三人のみが分担して行なう。交渉の回数は年２回に留める。さらに交渉はわが社だけの視点ではなく、広く業界の実態を調査した上で、わが社が業界の実態よりも悪い条件になっている場合にのみ行うこととする。それ以外の理由で交渉に臨むのは避ける。

　チェーンストアが店舗数の増大や売場面積の拡大、そして収益性の向上を目指している限り、ベンダー企業が長期に取引を期待して支払サイトの見直しで譲歩する可能性は少なくない。

　各論になるが、いちばん適切な締め日と精算日についても簡単に触れておく。

　日本企業のほとんどは月給制なので、小売業や飲食業は毎月25日から翌月の５日までの10日間に売上のヤマを迎える。その反面、給料日前の15日から25日にかけては、売上高が下がる傾向にある。それが消費者の心理であり、実態だ。

　もし、月末に支払日を設定すると、せっかく売上がいい時期なのに社内に滞留する売上金が結果として少なくなってしまう。その点から小売業や食堂などの飲食業にとって適切な締め日は毎月25日ということができる。

　精算日を考えると、月末というのは約５日間しかなく、万が一、事故が起こったときに支払い遅延というレッテルを貼られてしまう。この類の汚名はそう簡単に消えないものだ。取引内容、取引条件に悪影響をもたらす。

　経験則から言えば、締め日と精算日の間には少なくとも２週間、なるべくならば３週間の日数があったほうが良い。

　ここで記したような視点を絶えず持っている財務スタッフがいると、資金繰りに強い企業ということになる。

図表5－❽ 上場流通企業の回転差資金

色文字は販売資産回転率＞支払勘定回転率×2以上の企業

フォーマット		社名	販売資産回転率(回)	支払勘定回転率(回)	回転差資金
スーパーストア	日本型	イオン九州	6.6	7.1	−
		イオン北海道	8.5	7.3	+
		イズミ	14.0	20.5	−
		イトーヨーカ堂(非上場)	12.0	16.7	−
		サンエー	7.9	14.2	−
		フジ	23.1	14.4	+
		平和堂	12.4	9.7	+
	総合	パン・パシフィック・インターナショナルHD(連結)	4.9	7.9	−
		ミスターマックス・HD(連結)	8.1	6.5	+
		ジェーソン	9.2	9.5	−
スーパーマーケット		アークス(連結)	21.9	14.2	+
		アクシアル リテイリング(連結)	26.6	11.0	+
		アルビス	20.4	11.6	+
		いなげや	18.9	12.6	+
		エコス	17.0	13.9	+
		オークワ	13.9	14.4	−
		関西スーパーマーケット	23.7	8.3	+
		ダイエー(非上場)	20.4	10.5	+
		大黒天物産(連結)	22.0	12.1	+
		ハローズ	29.1	14.9	+
		バローHD(連結)	9.3	10.2	−
		ベルク	23.5	12.9	+
		マックスバリュ九州	20.6	9.6	+
		マックスバリュ中部	29.5	8.7	+
		マックスバリュ東海	27.7	12.4	+
		マックスバリュ東北	25.3	10.0	+
		マックスバリュ西日本	19.4	7.5	+
		マックスバリュ北海道	27.8	10.0	+
		マミーマート	22.2	7.1	+
		ヤオコー	24.0	12.0	+
		ヤマナカ	18.8	13.2	+
		ユナイテッド・スーパーマーケット・HD(連結)	27.9	10.2	+
		ヨークベニマル(非上場)	34.0	17.8	+
		ライフコーポレーション	12.7	12.5	+
		リテールパートナーズ(連結)	21.9	13.3	+
ドラッグストア		ウエルシアHD(連結)	5.1	5.8	−
		カワチ薬品(連結)	6.1	5.4	+
		キリン堂HD(連結)	5.5	5.6	−
		クスリのアオキHD(連結)	5.5	5.7	−
		クリエイトSDHD(連結)	6.2	5.8	+
		Genky DrugStores(連結)	5.2	6.0	−
		ココカラファイン(連結)	4.3	6.2	−
		コスモス薬品(連結)	10.1	4.6	+
		サツドラHD(連結)	6.3	8.2	−
		サンドラッグ	5.1	6.5	−
		スギHD(連結)	4.6	6.4	−
		ツルハHD(連結)	4.7	6.8	−

フォーマット		社名	販売資産回転率(回)	支払勘定回転率(回)	回転差資金
ドラッグストア		マツモトキヨシHD(連結)	4.1	6.2	−
		薬王堂	5.4	7.8	−
バラエティストア		キャンドゥ	7.4	5.6	+
		セリア	6.3	11.1	−
		ワッツ(連結)	3.4	4.8	−
ホームセンター		アークランドサカモト	3.8	16.9	−
		アレンザHD(連結)	3.6	5.4	−
		エンチョー	2.5	4.6	−
		カンセキ	4.3	7.2	−
		ケーヨー	2.9	7.4	−
		コーナン商事	2.8	8.3	−
		コメリ	1.9	4.8	−
		サンデー	3.3	4.2	−
		島忠	3.7	4.2	−
		ジュンテンドー	2.4	4.9	−
		ジョイフル本田	5.9	13.9	−
		セキチュー	3.3	4.9	−
		DCMHD(連結)	2.8	6.7	−
		ナフコ	2.5	4.9	−
		LIXILビバ	2.9	3.5	−
衣料スーパー		しまむら	6.9	19.4	−
専門店	紳士服	AOKIHD(連結)	2.9	5.7	−
		青山商事	1.2	2.6	−
		コナカ	1.1	4.2	−
		はるやまHD(連結)	1.7	2.5	−
	衣料	アダストリア(連結)	3.8	5.2	−
		タビオ	5.4	5.7	−
		ナルミヤ・インターナショナル	2.4	5.5	−
		西松屋チェーン	3.2	2.8	+
		ハニーズHD(連結)	1.9	22.4	−
		パルグループHD(連結)	3.7	3.6	+
		パレモHD(連結)	4.0	3.0	+
		バロックジャパンリミテッド	2.8	8.1	−
		ファーストリテイリング(連結)	2.5	8.3	−
		マックハウス	1.7	2.8	−
		ユナイテッドアローズ	3.5	7.4	−
		ライトオン	2.3	4.0	−
		ワールド(連結)	2.2	4.5	−
	呉服	ヤマノHD(連結)	2.4	3.5	−
	靴	エービーシー・マート	1.6	7.2	−
		ジーフット	1.2	2.5	−
		チヨダ	1.8	2.9	−
	雑貨	ヴィレッジヴァンガードコーポレーション	1.1	5.4	−
		良品計画	3.0	13.0	−
	眼鏡	ジンズ	1.8	8.8	−
		ビジョナリーHD(連結)	1.9	4.6	−
	宝飾	エステールHD(連結)	0.7	2.7	−
		ヨンドシーHD(連結)	1.5	5.3	−

フォーマット		社名	販売資産回転率(回)	支払勘定回転率(回)	回転差資金
専門店	スポーツ	アルペン	1.8	3.2	−
		ゼビオHD（連結）	1.5	3.2	−
		ヒマラヤ（連結）	2.5	4.1	−
	家電	エディオン（連結）	3.6	12.6	−
		ケーズHD（連結）	2.9	10.7	−
		コジマ	3.5	14.6	−
		上新電機	3.3	10.3	−
		ノジマ	3.5	7.6	−
		ビックカメラ	5.1	8.7	−
		ヤマダ電機	3.0	13.7	−
	書籍	三洋堂HD（連結）	2.4	1.8	＋
		文教堂グループHD（連結）	1.3	2.4	−
	家具	ニトリHD（連結）	3.6	15.6	−
		ミサワ	2.3	10.8	−
	惣菜	オリジン東秀（非上場）	12.6	11.7	＋
		柿安本店	5.6	14.9	−
		ロック・フィールド	4.1	16.8	−
	その他	あさひ	2.3	9.7	−
		魚喜	11.3	17.1	−
		魚力	7.1	14.5	−
		オーエムツーネットワーク（連結）	8.8	10.9	−
		サックスバーHD（連結）	1.5	7.9	−
		サマンサタバサジャパンリミテッド	0.8	8.0	−
		ハークスレイ	6.1	5.8	＋
		ハウスオブローゼ	1.4	4.3	−
		はせがわ	1.9	13.6	−
		藤久	1.3	4.9	−
		プレナス	11.7	13.1	−
		やまや	5.5	23.3	−
		ワークマン	5.9	9.5	−
リサイクル		テイツー	4.4	39.8	−
		トレジャー・ファクトリー	2.1	187.3	−
		ハードオフコーポレーション	1.1	76.5	−
		ブックオフグループHD（連結）	2.2	73.7	−
流通業その他		ゲオHD	4.4	14.7	−
		SRSHD（連結）	9.7	11.1	−
FS	テーブルサービスカジュアル	王将フードサービス	27.2	11.5	＋
		カルラ	11.1	13.5	−
		グルメ杵屋（連結）	8.4	20.7	−
		ココスジャパン	15.1	10.1	＋
		サイゼリヤ	6.3	9.5	−
		サガミHD（連結）	11.7	12.0	−
		ジョリーパスタ	15.0	10.4	＋
		すかいらーくHD（連結）	9.1	10.3	−
		ブロンコビリー	8.2	10.4	−
		ライフフーズ	89.1	12.0	＋
		ロイヤルHD（連結）	4.7	10.8	−
	ディナー	あさくま	12.6	6.2	＋
		木曽路	7.5	11.0	−
		ゼットン	10.7	6.7	＋
		WDI（連結）	5.8	10.2	−

フォーマット		社名	販売資産回転率(回)	支払勘定回転率(回)	回転差資金
FS	焼肉	あみやき亭	21.5	9.8	＋
		安楽亭	11.7	8.5	＋
		物語コーポレーション	15.3	10.9	＋
	回転寿司	カッパ・クリエイト（連結）	13.0	10.1	＋
		くらコーポレーション	34.3	12.8	＋
		元気寿司	15.4	10.2	＋
		スシローグローバルHD（連結）	35.6	7.4	＋
	麺・丼	幸楽苑HD（連結）	16.3	8.4	＋
		トリドールHD（連結）	47.5	10.6	＋
		ハイデイ日高	29.1	13.0	＋
		松屋フーズHD（連結）	6.9	15.9	−
		リンガーハット（連結）	11.8	15.4	−
	他業態	アトム（連結）	12.7	5.5	−
		クリエイト・レストランツ・HD（連結）	64.9	12.8	＋
		コロワイド（連結）	7.9	5.9	＋
		サンマルクHD（連結）	3.1	6.4	−
		ゼンショーHD（連結）	7.3	12.6	−
		吉野家HD（連結）	6.1	12.5	−
		ワタミ（連結）	12.9	12.4	＋
	FC主力	アークランドサービスHD（連結）	7.8	8.6	−
		イートアンド	2.4	5.9	−
		壱番屋	7.4	11.8	−
		大戸屋HD（連結）	10.8	10.4	＋
		ギフト	9.5	12.0	−
		コメダHD（連結）	9.9	16.0	−
		ドトール・日レスHD（連結）	4.6	7.9	−
		日本KFCHD（連結）	8.7	6.1	＋
		日本マクドナルドHD（連結）	4.1	105.0	−
		ハチバン	7.9	16.3	−
		B-Rサーティワンアイスクリーム	2.1	16.6	−
		フジオフードシステム	22.2	7.9	＋
		ペッパーフードサービス	14.2	6.2	＋
		ホットランド	2.7	10.1	−
	コーヒールーム	銀座ルノアール	10.7	9.4	＋
	居酒屋	SFPHD（連結）	23.9	12.2	＋
		串カツ田中HD（連結）	8.8	6.8	＋
		大庄	9.3	9.2	＋
		チミニー	13.4	4.9	＋
		テンアライド	11.2	10.5	＋
		鳥貴族	20.9	9.9	＋
		ハブ	28.8	12.1	＋
		マルシェ	6.7	4.3	＋
		ヨシックス	19.4	5.6	＋
サービス業		プラザクリエイト（連結）	3.8	9.4	−
		イオンファンタジー	10.5	14.1	−
		コシダカHD（連結）	9.9	19.5	−
		スタジオアリス	8.0	18.2	−
		田谷	1.4	2.2	−
		鉄人化計画	35.7	45.1	−

3

未来を占う
インタレスト・カバレッジ

インタレスト・カバレッジは
支払能力を示す指標

　先に述べたように、事業を拡大する過程においては時として大量出店、センター建設、新しい技術と設備の導入など大規模な投資が必要となり、自己資本だけではまかなえなくなる。その際には借入金など金融機関からの融資を活用することになるが、そこで注目する指標がインタレスト・カバレッジ（レシオ）だ。

　この指標は専ら金融機関が融資の是非を判断するとき参考とするものでもある。

　114ページの図表5－①の計算公式を見てほしい。インタレスト・カバレッジは1年間の事業活動で得た営業利益と営業外で得た収入が、融資などを受けて支払わなければならない利息と社債の支払い利息の何倍であるかという数値のことだ。つまり金利の支払い能力である。

　10倍以上あれば、さしあたって資金繰りには困ることはないが、できれば20倍から80倍の間が望ましい。これだけ十分な利益が出ていれば、追加の借入金も楽に調達できるし、自己資本も強化できる。

　金融機関では2倍以上あれば十分融資対象となるようだが、インタレスト・カバレッジは純利益ではなく、営業利益を基に計算している数字であるから2倍程度では心許無い。

　実際、上場流通企業でインタレスト・カバレッジが10倍を切ってしまった企業の、その他の経営効率数値を見ると利益率の急減、赤字、自己資本構成比率の低下など苦しさが伝わってくる。

　また、5倍未満の企業のほとんどは、営業利益率が1％を割っている。しかもその状態が数年続き、借入金などが増えている。経営者は毎日の売上高が気になって仕方がない状況になるだろう。

図表5−❾上場流通企業インタレスト・カバレッジの分布

業態		？ 80倍以上	◎ 20〜80未満	○ 10〜20未満	× 5〜10未満	×× 0.0〜5未満	××× 赤字	？ 支払利息が0
集計 企業数	総計				264			
	計	93	64	29	16	22	22	18
	構成比(%)	35.2	24.2	11.0	6.1	8.3	8.3	6.8

　2倍未満は世間でよく言う、台所は"火の車"だ。経営者の頭の中は資金繰りのことしかなくなり、連日店舗の売上高を何度もチェックしないではいられない。

　図表5−❾を見てほしい。

　計算できる264社中×印と××印の10倍未満は14.4％に達している。赤字の8.3％と合わせると22.7％だ。かなり厳しい状況にある企業が全体の5分の1に達しているのである。

　一度"火の車"状態になると、ほとんどはさらに状況が悪化していく方向になってしまいがちだ。それは、目先の売上高が足りないことを、応急策の販促や商略で手っ取り早く効果を上げようとするからだ。しかし、こうした販促対策ではかえって経費高となり、けっして解決しないと思うべきである。

販売促進（販促）：商品の販売点数増加および売上と利益向上のために行う広告宣伝、実演販売、特別陳列など消費者の購買意欲を高める特別な活動のこと。ブランド価値形成と企業イメージアップのための活動も含まれる。
商略：商売上の策略、駆け引き。

高すぎるインタレスト・カバレッジは
未来投資遅延の疑いあり

　再度図表5 −⑨を見てほしい。80倍以上の企業が全体の35.2%、20〜80倍の企業が24.2%を占めている。

　10年前には20倍以上が全体の3割ほどであったのが、現在では6割近い構成比だ。

　さらに、116ページの図表5 −③でフォーマット別のインタレスト・カバレッジの平均値を見ると、1,000倍を超えるフォーマットが、ドラッグストア、靴専門店、宝飾専門店、テーブルサービスレストラン（カジュアル）、麺・丼、居酒屋と、6つもある。

　つまり、今のところ上場流通企業の多くは資金繰りにかなりの余裕があるのである。

　ただし、高すぎるインタレスト・カバレッジは資金の使い方について懸念があることを示唆している。

　インタレスト・カバレッジ20倍以上の数値が継続していれば、それは事業が順調で資金が潤沢であることを示している。余裕資金は、新店やセンター建設や設備の刷新、従業員への教育、調査・研究開発、新技術導入など未来対策としての投資に使いたい。

　インタレスト・カバレッジは企業の5年後、10年後を占うバロメータとして使える数値なのだ。

　したがって、この数値が100倍を超えたら、投資に対して慎重すぎるのではないかと、再チェックが必要である。

　逆に5倍未満の状態ではまともな経営対策が打てなくなっていることを意味するのだ。

　なお、決算書上支払利息勘定が計上されていない場合、インタレスト・カバレッジは0となり、多くは無借金（実際は有利子負債がない）であることを示すが、チェーンストア経営では無借金である状態は必ずしもいいことではない。

　たとえば、新店を出さないなど、新規も追加投資もせず、過去の資産を食い潰している企業は、無借金経営かもしれないが、やがてジリ貧になってしまうものだからだ。

　そのため、図表5 −⑨には？マークを付けている。

第6章

組織開発の現状を
数字で点検して
将来に備える

1

低賃金が
人材不足を招いている

図表6－❶主要経営効率の計算公式とあるべき数値

番号	効率項目(単位)	計算公式	あるべき数値
㉑	労働生産性(万円)	年売上総利益÷年間平均従業者数 パートタイマー数は労働時間をフルタイムに換算 年間平均従業者数=(前期末従業者数+当期末従業者数)÷2	1,000万円以上 (最低でも800万円)
㉓	従業者1人あたり平均人件費(万円) 〈上場企業の場合は平均賃金(太字)〉	年総人件費÷年間平均従業者数 総人件費=従業者給料・手当、従業者賞与、同引当繰入、役員報酬、法定福利費・厚生費、求人費、退職金、同引当繰入、教育訓練費	360万円以上、 なるべく420万円以上 〈賃金なら300万円以上〉
㉗	社員だけの平均年齢(歳)		男34～38歳、 女30～34歳であるべき

人材が集まるはずがないレベルの低賃金

　上場流通企業のフォーマット別労働生産性（万円）の数値に、人当たり平均賃金、社員平均年齢の数値を加えたのが図表6－②である。それらの計算公式は図表6－①のとおりだ。労働生産性の平均値があるべき1,000万円を超える8フォーマットの中で群を抜いて高いのが専門店の家電1,558万円と家具1,561万円、次が靴1,248万円と紳士服、衣料、宝飾の約1,100万円、さらに、ホームセンター（HC）、眼鏡、リサイクルの約1,000万円である。つまり1,000万円を超えるのは、ほとんどが専門店だ。

　ファスト・フードサービス（FFS）やスーパーマーケット（SM）はセルフサービスが進んでいるといわれるが、この図表の労働生産性の数値を見れば、作業の合理化が進んでいるわけではないことが一目瞭然である。

　見逃すことができないのは、労働生産性の「最小」の数値だ。もちろんSMにもFSにも1,000万円、ドラッグストア（DgS）では1,500万円を超える優秀な企業は存在している。だが、一方で、最小を見るとFSには400万円台、SMには500万円台、DgSにも最優秀企業の半分以下の694万円という企業が

ある。

　比較的セルフサービスが進んでいて、労働生産性が高いと思われている
HCにも、600万円台の企業がある。

　つまり同じフォーマットでも労働生産性が最大と最小の企業間では２対１、
３対１の数値の格差があり、赤字もしくはそれに近い企業を除けば、その
差は業務・作業システムの改善が進んでいるかどうかなのだ。

　最近は企業にコンプライアンス（法令順守）が厳しく求められている。企
業のイメージアップを図るために、コンプライアンス体制の強化をPRする
ことも流行っているようだが、労働生産性が700万円を割る企業に、労働基
準法順守など現実的に不可能であろう。

　労働生産性は賃金支払い能力のレベルを示すので、低ければ当然、従業者
１人当たり平均賃金も低いのである。

　図表６－②に載っている１人あたり平均賃金と図表６－③の日本の全産
業平均賃金と比較してみよう。後者は平均年齢42.9歳で、月額30.62万円だ。
これを年間（月額×12カ月）に換算すると約367万円である。

図表６－❷上場流通企業のフォーマット別労働生産性と賃金と年齢

フォーマット			労働生産性(万円) 平均	最大	最小	1人当たり平均賃金(年・万円) 平均	最大	最小	社員平均年齢(歳) 平均	最大	最小
日本型スーパーストア			907	1,173	739	297	372.8	257.6	40.9	46.2	34.3
スーパーマーケット			754	1,084	505	269	340.6	202.3	40.5	47.3	32.5
ドラッグストア			986	1,505	694	310	383.0	310.0	—	—	—
ホームセンター			1,022	1,510	673	309	361.4	275.0	39.9	46.2	36.0
バラエティストア			641	715	576	207	222.7	187.7	—	—	—
専門店		紳士服	1,186	1,567	836	307	370.8	186.4	35.9	39.3	32.8
		衣料	1,103	2,698	332	310	432.5	260.1	36.2	44.0	28.8
		靴	1,248	2,043	786	297	349.9	262.6	36.3	44.8	30.0
		雑貨	938	1,385	706	270	320.3	240.8	37.4	39.7	35.4
		眼鏡	1,010	1,266	787	323	335.7	304.4	—	—	—
		宝飾	1,152	1,389	978	320	355.0	225.0	—	—	—
		スポーツ	987	1,015	956	283	297.0	263.4	—	—	—
		家電	1,558	2,054	1,069	351	444.8	203.2	36.2	42.8	29.9
		書籍	—	—	—	260	321.9	219.1	—	—	—
		家具	1,561	2,016	1,104	370	485.6	262.3	35.0	39.8	28.9
リサイクル			1,001	1,367	850	308	318.6	292.5	34.1	37.4	30.3
FS	テーブルサービス	カジュアル	614	946	478	264	318.8	228.2	38.0	43.5	29.6
		ディナー	750	1,139	498	298	393.8	192.4	35.3	44.1	28.7
		焼肉	—	—	—	—	—	—	35.8	39.0	31.1
	直営主力	回転寿司	513	535	476	242	248.7	238.2	—	—	—
		麺・丼	697	735	639	290	306.6	278.9	—	—	—
		居酒屋	735	901	531	295	343.8	251.4	37.2	46.6	29.0

図表6-❸一般労働者（短期労働者以外）の産業計・男女計平均賃金（月額）、年齢、勤続年数

資料：厚生労働省「平成30年賃金構造基本統計調査」

賃金（万円）	年齢（歳）	勤続年数（年）
30.62	42.9	12.4

図表6-❹一般労働者（短時間労働者以外）の産業別・性別平均賃金、年齢、勤続年数

資料：厚生労働省「平成30年賃金構造基本統計調査」

	男			女		
	賃金（万円）	年齢（歳）	勤続年数（年）	賃金（万円）	年齢（歳）	勤続年数（年）
産業計	33.76	43.6	13.7	24.75	41.4	9.7
製造業	32.03	42.6	15.5	21.73	42.7	12.1
卸売業、小売業	34.64	43.0	14.7	23.40	40.4	10.2
宿泊業、飲食サービス業	27.51	41.9	9.5	20.21	40.2	7.6
生活関連サービス業、娯楽業	29.72	41.9	10.8	22.01	39.1	8.3

図表6-❺一般労働者（短時間労働者以外）の産業別・雇用形態別平均賃金

資料：厚生労働省「平成30年賃金構造基本統計調査」

	正社員・正職員（万円）	正社員・正職員以外（万円）	雇用形態間賃金格差 正社員・正職員＝100
産業計	32.39	20.94	64.6
製造業	31.14	20.03	64.3
卸売業、小売業	33.23	19.72	59.3
宿泊業、飲食サービス業	26.45	18.86	71.3
生活関連サービス業、娯楽業	28.68	19.87	69.3

図表6-❻短時間労働者の産業別・性別1時間当たり賃金、前年増減率

資料：厚生労働省「平成30年賃金構造基本統計調査」

	男		女	
	1時間当たり賃金（円）	前年増減率（%）	1時間当たり賃金（円）	前年増減率（%）
産業計	1,189	3.0	1,105	2.9
製造業	1,230	2.2	995	2.7
卸売業、小売業	1,068	2.4	1,019	2.3
宿泊業、飲食サービス業	1,033	4.3	1,002	3.7

社員の平均年齢がフォーマットごとにまちまちなので単純に比較することは難しいが、先の日本の平均を超えているのは家具専門店のみだ。

図表6－❼産業別・雇用形態構成比

資料：総務省統計局「労働力調査2018」

	非正規の職員・従業員割合(%)
製造業	26.3
卸売業、小売業	49.7
宿泊業、飲食サービス業	74.7
生活関連サービス業、娯楽業	57.7

確かに最大値を見ると400万円台の企業もあるが、最小値を見ると100万円台の企業もある。

図表6－④では、図表6－③と同じ統計調査から、産業別・男女別の数値をとっている。卸売業、小売業の平均値が若干高いのは卸売業には大手の総合商社なども含まれていることが影響しているからで、小売業の実態は分かりにくくなっている。

宿泊業、飲食サービス業と生活関連サービス業、娯楽業はあきらかに産業計より低い水準だ。

図表6－⑤は雇用形態別の平均賃金で、宿泊業、飲食サービス業と生活関連サービス業、娯楽業は他産業と比べ、正規と非正規の格差が少ないことが分かる。

図表6－⑥は短時間労働者の時給で、卸売業、小売業と宿泊業、飲食サービス業は産業計よりもやや低いが、男女差はほとんどない。

以上図表6－③から6－⑥までの厚生労働省「賃金構造基本統計調査」は、いわゆるフルタイマーである一般労働者とパートタイマーである短時間労働者を分割した統計であったが、図表6－⑦の総務省統計局「労働力調査」ではすべての労働者を対象にした統計である。非正規のほとんどはパートタイマーだ。その割合が卸売業、小売業で約5割、生活関連サービス業、娯楽業で6割弱、宿泊業、飲食サービス業では7割を突破している。

店舗段階ではもっと高比率のはずで、FS業チェーンストアなら9割ほどであろう。そしてパートタイマーの平均時給は図表6－⑥のとおり約1,000円とフルタイマーの半分ほどだ。

したがって、図表6－②にあった1人あたり平均賃金は全従業員を対象とした数値なので、他産業と比べて低い数値となる原因の一つになっている。

しかし、そういった事情を差し引いても300万円未満ではあまりにも低い賃金水準だ。"3K"の職場、ブラック企業と言われてきた過重労働の典型的現場の労働環境は、徐々に改善されてきてはいるが、賃金水準についても改善されない限り、良い人材が集まるはずがない。

管理職の労働条件を点検せよ

　図表6−⑧は管理職手当についての私どもの調査統計だ。どの階層も金額8万円以上15万円未満の構成比が高く、店長以上は8割の企業が5万円以上を支給している。

　一方、最低金額を見ると、2万円、3万円が多く、これに残業手当相当分が含まれている場合は問題である。

　図表6−⑨は東京都内の中小企業を対象とした管理職手当の調査統計だ。(a)の場合、卸売業、小売業は比較的一般的な水準を保っている。平均金額は部長が7.7万円、課長が4.9万円、係長が3.5万円だ。宿泊業、飲食サービス業では部長の平均値が4.9万円と低い。生活関連サービス業、娯楽業は集計企業数が少ないので、正確さが劣るかもしれないが、課長が2.8万円、係長が1.6万円と産業計よりかなり低い。

　(b)の方は、最高値と最低値に大きく格差があるようだ。

　管理職手当については、一時期"名ばかり管理職"という言葉が話題になった。管理職に昇進したはいいが、時間外勤務手当が支給されなくなり、実態の労働時間の割には低い管理職手当しか支給されない過酷な状況を表したものだ。

　そのため、会社側に正当な支払いを求める管理職者が相次ぎ、裁判にまでなった。2005年の日本マクドナルドの裁判では、店長が残業代を支払わなくても良い「管理監督者」にあたるかが争点となり、店長はそれに当てはまらないとして会社側に支払い命令が出たのである。

　「管理監督者」の条件に当てはまらないのであれば、適切な残業代が支払われなければならない。

管理監督者：一般の労働者と異なり、労働条件の決定その他労務管理について経営者と一体的な立場にあるもののこと。労働基準法で定められた労働時間、休憩、休日の制限を受けない。企業内で管理職とされていても、「管理監督者」に当てはまるかは職務内容、責任と権限、勤務態様による。

図表6−❽管理職・役職手当の実態

資料：2011〜2019年開催のペガサス「ストアマネジメントセミナー」計9回の参加者のうち、毎月一定の残業手当が支払われている（または、役職手当に含むとされている）354人の集計(%)

註：Mgr.＝マネジャー

階層		部長 室長	部次長 課長	地区長 ブロック長 スーパーバイザー	店長 スーパーインテンデント	店次長 副店長 アシスタントMgr.	主任 係長 チーフ
集計数		8人	23人	131人	160人	21人	11人
イ	3万円未満					9.5	
ロ	3万円以上		13.0	6.1	14.4	19.1	
ハ	5万円以上		34.8	13.0	39.4	33.3	18.2
ニ	8万円以上	50.0	47.8	61.8	45.6	38.1	72.7
ホ	15万円以上	50.0	4.4	19.1	0.6		9.1
	最 高	30.0万円	15.7万円	25.0万円	20.9万円	12.6万円	11.8万円
	最 低	8.0万円	3.1万円	3.0万円	3.0万円	2.0万円	4.6万円

図表6−❾東京都内中小企業の役付手当の支給金額
(a)同一役職につき同一金額を支給

資料：東京都産業労働局「中小企業の賃金事情　平成29年版」、従業員10〜299人の都内中小企業対象

	集計 企業数	部長				課長				係長			
		平均年齢 (歳)	平均	金額(万円) 最高	最低	平均年齢 (歳)	平均	金額(万円) 最高	最低	平均年齢 (歳)	平均	金額(万円) 最高	最低
産業計	436	50.4	8.0	80.0	1.1	46.1	5.1	45.5	0.3	42.9	2.4	42.5	0.3
製造業	148	52.3	7.5	47.1	1.1	47.3	4.5	15.0	0.5	44.3	2.0	8.9	0.3
卸売業、小売業	73	49.2	7.7	25.0	2.0	45.6	4.9	45.5	0.3	40.5	3.5	42.5	0.3
宿泊業、飲食サービス業	14	41.5	4.9	10.5	3.0	47.7	4.8	7.0	3.0	45.8	2.4	17.4	1.5
生活関連サービス業、娯楽業	9	47.8	5.8	10.0	4.5	47.0	2.8	5.0	1.6	42.6	1.6	2.8	1.0

図表6−❾東京都内中小企業の役付手当の支給金額
(b)同一役職でも支給額が異なる

資料：東京都産業労働局「中小企業の賃金事情　平成29年版」、従業員10〜299人の都内中小企業対象

	集計 企業数	部長				課長				係長			
		平均年齢 (歳)	平均	金額(万円) 最高	最低	平均年齢 (歳)	平均	金額(万円) 最高	最低	平均年齢 (歳)	平均	金額(万円) 最高	最低
産業計	224	51.7	12.5	58.2	2.0	46.5	8.6	240.3	0.2	42.8	5.2	198.4	0.3
製造業	61	52.6	8.9	21.0	2.0	47.2	5.6	15.0	0.2	44.3	2.2	8.2	0.5
卸売業、小売業	44	49.3	12.2	45.2	3.2	46.1	5.8	10.0	1.4	41.8	3.4	8.0	0.3
宿泊業、飲食サービス業	6	50.3	26.4	34.1	9.0	47.9	18.8	45.0	7.3	33.0	2.5	2.5	2.5
生活関連サービス業、娯楽業	2												

2

社員平均年齢が
40歳以上では
新陳代謝が悪い

平均年齢が高すぎると経営課題に取り組めない

　平均賃金問題をさらに複雑にしているのは、社員の平均年齢だ。

　131ページの図表6－②のいちばん右側に載せた社員平均年齢をもう一度見てほしい。

　多くの企業は37歳前後となっていて、日本の労働者の平均年齢である42歳前後よりは低い。

　しかし中にはすでに40歳を超えている企業も見受けられる。流通業界でも、平均年齢が40歳を超えている企業は、従業者の新陳代謝が遅れていると言わざるを得ない。しかも、1人当たり平均賃金が132ページの図表6－④、6－⑤のような状況では、これから40歳を迎えて世帯の支出が最大となる時期に、はたして従業者の生活は大丈夫なのかと心細い限りである。

　とにかく経営トップは、労働生産性と1人当たり平均賃金でフォーマット平均を上回ることを目指さなければならない。次に一歩でも最大値に近づく努力をすべきである。現状では将来を担う人材が確保できるとは思えず、そのままでは企業の衰退につながる。

　平均年齢が40歳代というのは、従業者の年齢構成について、組織開発（人事担当）部長が必要な対策を打たずに放置していることを意味している。言い換えれば20歳代の若年層の採用比率が減ってきていることが原因と考えられる。

　もちろん若い世代を採用したくても採用できないというのが現実なのかもしれない。その状況はそのまま、企業人気のバロメータとして見ることもできる。それでもあえて強調したいのは、図表6－②で分かるように、平均年齢が最大で40歳を超えているフォーマットが9つもあることだ。これでは新しい技術や経営課題に取り組むことができなくなる。

　かといって平均年齢が若ければ若いほどいいと言っているのではない。

チェーンストア業界でスペシャリストと言われるまでになるには20年以上の年季が必要とされている。平均年齢が20歳代という企業では、そういった40歳以上の熟年エキスパート比率が低すぎることになるのだ。

　それでは平均年齢は何歳くらいが良いのか。採用活動でも男女平等が強く求められる時勢ではあるが、敢えて女性の平均年齢が30歳代前半、男性が30歳代後半であることが要員計画が前向きに進んで、最も活力に満ちた企業の条件であると推奨している。

　具体例をいくつか紹介しよう。

　日本型スーパーストア（日ス）では、多くの企業の平均年齢が40歳を超えているが、平均年齢が30歳代と低いのはイズミとサンエーである。

　SMの平均年齢は、大きく分けて、40歳代、30歳代後半、30歳代前半の三つのグループに分けることができる。最も高いのが、オークワの47.3歳、次いでいなげや、マックスバリュ東北、北雄ラッキー、ヤマナカが44歳である。

　これに対して30歳代前半という低いグループには、ハローズ、ベルクというように、ここ数年、営業成績が好調と注目されている企業が並ぶ。

　一方、DgSは平均年齢を公表しない企業がふえ、数値を出せないのは残念だ。

　HCでは、40歳代を超えているのはカンセキ、ハンズマン、ケーヨー、エンチョー、ジュンテンドーだ。逆に、平均年齢が若い企業としては、島忠、ジョイフル本田、アークランドサカモト、コメリなどの社名が挙がる。

　専門店では紳士服、雑貨、家具、リサイクル、FS業では焼肉のフォーマットに属する全社が平均年齢30歳代の合格ラインに達していると言えよう。

スペシャリスト：トップマネジメントが決定した政策を実現するために、与えられた職務を果たす熟練者。この階層を担う人材が大勢揃えば、チェーンストアとして様々な課題を達成することができる。
階層：組織を、命令を与える・受ける上下関係で区別したグループの名称。チェーンストア経営では、①トップマネジメント（経営課題に対処する人々）、②スペシャリスト（数値責任を負い、職務を果たす人々）、③ワーカー（命令された作業を完全実行する人々）の３つとする。責任と義務を明確にするためだ。

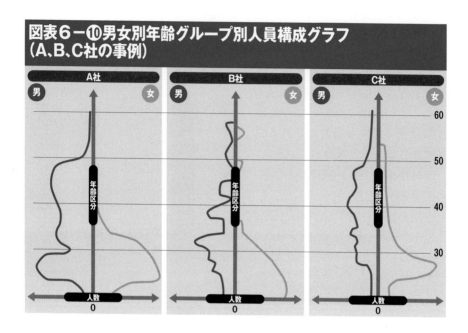

図表6−⑩ 男女別年齢グループ別人員構成グラフ
（A、B、C社の事例）

A社	B社	C社
男　　女	男　　女	男　　女

年齢区分

人数 0（A社）　人数 0（B社）　人数 0（C社）

60　50　40　30

人事構成は５項目の実態調査をして検討する

　実際に企業の人事構成を考えるときは、極めて細かい実態調査をするのが
望ましい。私どもがコンサルタントとして、企業調査をするときも、まず次
のような細かい数表づくりから検討する。

　①平均年齢（男女別、身分別）

　②社員（フルタイマー）、パートタイマー、取締役の内訳構成

　③理工系比率

　④直間比率（店舗と本部との比率）

　⑤46歳以上の男女労働力の活用状況

　①の平均年齢は、本来、男女別、身分別に算出すべきである。そのように
して作成した実例の資料が、図表６−⑩だ。表の中の縦軸は10歳ごとに区
切った年齢で、横軸は左側が男性の人数、右側が女性の人数である。

　事例のＡ社の場合は、40歳前後の年齢で硬直化していて自然淘汰ができ
ていないことが分かる。さらに30歳前後で世代の断絶があり、男女とも20
歳代の若い世代が多すぎる。

　Ｂ社の場合は、もっとデコボコが激しい。たとえば、女性の30歳代はい

図表6-⓫ 階層別年齢構成表（図表6-⓾中のA社の事例）

階層		20～25	26～30	31～35	36～40	41～45	46～50	51～55	56～60	61～	構成比(%)
役員						4	8	42	29	17	2
部長・室長					4	24	33	37	2		3
課長				4	19	40	23	14			7
課長代理			3	34	31	22	6	2	2		22
主任・係長(部門長)			27	55	11	4	1	1	1		22
ワーカー	社員	3	50	23	11	6	3	3	1		20
	パート	40	51	5	3		1				24
構成比(%)		10	29	26	13	11	5	4	1	1	100

るが、40歳代はほとんどいない。C社は、全体として平均年齢が高い。

こうして三つのグラフを見ていると、人の横顔のように思えてくるが、妙に眉毛や鼻や上唇が飛び出している形になっている。過去20年から30年にわたる採用計画が、長期的な視野を持たず、その日暮らしに行なわれてきたせいである。少なくとも五年に一度は、このようなグラフを作り、採用計画を見直すべきだろう。

②の全社員、パートタイマー、取締役の内訳構成を考えるためには階層別年齢構成表を作成することをお薦めする。

そこで図表6-⓾のA社の年齢構成を階層別に分けてみたのが、図表6-⓫である。事例の企業は、数字の並び方が左下から右上へ、そして右下へと山の形のように比較的斜めの直線になっている。実際には、多くの企業がものすごく歪な形をしているものだ。もっともA社でも、20歳代前半の採用対策が手遅れになっていることが分かる。

③の理工系比率は、今日の経営に不可欠な科学的管理法に立ち遅れを起こさないために、つねに1割から2割は必要だ。

④の直間比率とは、店舗現場と本部およびセンター側との人件費もしくは従業員数の比率である。基本的には9対1であるべきだ。

⑤の46歳以上の男女労働力の活用状況については、たとえば幹部コースから外れたと思われる人たちの再活用、さらに以前は会社の発展に功績があったが、今は引退してもらったほうがいいという人に対して特別な優遇措置を講ずることなど、対策をつねに検討しなければならない。

さらに、必要な人材対策を考えるためには「種類別分布構成」グラフを作成する必要がある。とくに年に一度は作らなければならないのが、現職任命後の同一職位経験年数別グラフで、これによって、どの部分で組織が硬直化しているかが分かるはずだ。

その他に、「能力別分布構成」「取締役（理事）、部長・室長以上の階層の出身分布構成」のグラフも作ると、前者からはスペシャリスト候補の数、後者からは取締役や理事あるいは部長以上の階層の出身構成が分かる。理想形は、営業（商品部、店舗運営部とラインスタッフ）部門で過半数を占めることと、理工系で3割を占めることだ。

わが社の年齢構成を調べるときに、さらに一歩踏み込んで、こうしたグラフを各種作ってみると、少なくとも年に一度は根本的な対策を立て直す必要があることを痛感するはずだ。

振り返ってみると、チェーンストア産業づくりの歴史も60年を経過したのに、依然として作業効率や生産性は低いままで、いまなおそこで働く人たちにひどい労働条件を押し付けている企業が多い業界だ。

これではいつまでたっても優秀な人材が集まらず、計画的な組織開発もできないから、産業として発展しない。

経営効率の面から人材を考えると、次の2点があるべきだ。

①質の良い従業員を集める

②その人たちを40歳代から60歳代まで最先端の技術で世の中に貢献できるスペシャリストとして育成する

①のためには賃金水準を上げ、②のためには教育費を確保することが必要だ。それら人件費の原資は労働生産性の向上によってのみ実現できる。

10年後、50年後、100年後まで継続する企業の将来のためには、組織開発が最重要課題で、そのためにも労働生産性の向上が必要なのだ。

組織：業務と分業のキマリと仕組み。特定の目的を実現するために、集まった人々の相互の仕事の関係をいう。

組織開発：多数の人を分業させることで、トップのやりたいことがどんどん実現できていくような合理的システムを作り上げること。

第7章

収益モデルを
正しく構築した
企業だけが生き残る

収益モデルの構築が急務

　現在、日本の流通業にとって最大のテーマは収益モデルの構築だといえる。なぜかと言えば、日本の流通業の（売場）販売効率の平均値は、アメリカとほぼ同等か、むしろ高いのに、収益性は逆に半分か3分の1にすぎないからだ。

　これからますますアメリカ並みに競争が激しくなれば、業績の良い＝収益の高い企業でなければ生き残れない。グローバル化が進めば、欧米のチェーンストアにも勝ち抜かねばならないのだ。収益力の高い企業が多数生まれることが、わが国にとって必要不可欠なのである。

　もちろん、ごく少数だが例外もある。家具専門店のニトリ、衣料専門店のファーストリテイリング、雑貨専門店の良品計画、眼鏡専門店のジンズなどだ。これらの企業に共通するのは、①画期的な商品政策と企業独自のプライベートブランド（PB）で売上高が安定していること、②そのPBは従来の商品調達で小売りを行っている企業よりも粗利益率が5～15ポイントも高いことだ。

　このような商品を開発できることは、長い間の研鑽の成果であり、企業努力の賜物と言えよう。だからといってこれまで商品開発に未着手の企業が乗り出したとしても1年や2年で、こうした企業の商品と市場を争うようなPBを開発できるものではない。

　そのため、商品開発が軌道に乗るまでは、それと並行して確実に収益を確保する対策に取り組むことが必要だ。今こそ収益モデルの構築が急務なのである。

　そのステップは、次のとおりだ。
　①不振店対策（赤字克服）に取り組む
　②モデル店（実験店）の選出
　③フォーマット（品揃えと適正規模）の再構築
　④多店化のプロトタイプづくり

プロトタイプ：模範、手本となる原型。後の改良を見込んで、その仕事をする大筋として作る最初の模型。

不振店対策の第1歩は赤字店の閉鎖

「不振」という言葉の意味は、売上高が落ちてくること、落ち続けることだ。

具体的現象は、①最初に売上と客数について前年実績割れ既存店が徐々に増えること、②次いでそれらが赤字寸前になること、③その後月次赤字が3ヵ月以上続くか赤字額が膨張して赤字店となり、その店数が増えていくことである。

どんな企業にも赤字店や赤字部門はあるが、そのうち何とかなるだろうと対応に鈍感でいると赤字はどんどん膨らむことになる。

重要なことは赤字を放置してはならないと決めることだ。

このとき陥りやすいミスは、その店だけ不振と思い込むことである。それだとその店だけの個店対応に終わってしまう。しかし同じ企業なら全店同じ欠点を持っていることが多いから、いまは黒字でも時がたてば赤字になるかもしれないのだ。

不振店の典型的な対策は、表面的な改装（リニューアル）だが、抜本的な商品や業態や業務・作業システムは変更していないのだから、一時的に客数が増えてもまたすぐに減少してしまい、無駄に改装費を掛けただけに終わってしまう。

最も多いミスが、現場で何とかせよという本部からの命令だが、店長と店員がガンバって販促と接客に取り組んでも、かえって人件費コストが上乗せされるだけで売上高向上にも収益向上にもつながらないものだ。

そこで、店舗の収益性を改善するためにまっさきに取り組まねばならないのが、赤字店対策である。

様々な原因があるだろうが、最も多いのは立地がもともと不適切なこと、もしくは競争関係や交通網や人口などの条件が悪化してしまったかである。立地が不味い場合は、どんな対策を施そうとも改善することはないので、撤退しなければならない。

不動産コストが高過ぎることが原因なら契約再交渉か、引っ越しが必要である。店舗や敷地面積の不足が原因ならば、敷地の買い増しや借地拡大、もしくは近接地への引っ越しといった対策で競争力を取り戻すことができる。いずれにしても販促強化や改装程度の小手先の対策では改善できるはずはない。

黒字額を増やすより赤字部門をなくす

　店舗の収益性を拡大させたいとき、黒字部門の黒字額を拡大させることによって、赤字部門の補てんを検討する話をよく耳にする。しかし赤字部門をなくす方が優先課題である。

　赤字克服の原則は、小売業の場合、店舗が広く商品部門数が多いため、商品部門別管理（損益）総括表を作ることだ。どの部門が赤字なのか、その赤字額はどのくらいなのかをはっきりさせるためである。

「部門別管理」とは1930年代にアメリカでスーパーマーケット方式を発明したマイケル・カレン氏が、現場マネジメントのために開発した管理手法だ。日本ではアメリカからセルフサービスのスーパーマーケットの経営方式が導入された際に、この管理手法も輸入された。

　日本のほとんどの企業で、店舗別・部門別の売上高、粗利益高、粗利益率、在庫高、商品回転率はすぐに算出できて、さらに店舗合計の損益も計算できるが、部門別の経費を正確に把握していないために、部門別の損益は計算できない。

　特に部門別の作業人時数の正確な記録（タイムカードと稼働計画上の数字はあっても、それは実際とは異なることが多い）もなければ、その調査をしたこともないために労働コストが出せないのである。現実には売場販売効率の高い部門で人件費支出が過剰で赤字の場合が多いのである。

　どこが赤字の部門なのかを確実に把握して、ひとつひとつつぶしていかなければ赤字は解消しない。わが社の実態について、売場または店舗の細部にまで入り込んで数値を追いかけねばならない。たとえば、ひとつの店舗のひとつの売場（部門）の人件費、リース料、設備費、光熱費などをそれぞれに金額を出すのだ。店全体で黒字になっているから大丈夫などと考える幹部がいるようなら失格である。まず13週分を正確に把握し、さらに週ごとに損益が出るようにしたい。

　第2章で述べたように、店舗の運営コストの中で、一番大きいのは従業者の労働コストだ。次いで不動産・設備コスト、販促コストの順である。一般管理費はトータルでは販促コストを上回るが、内訳は雑多な科目なので影響力は低い。したがって、この順番でコスト・コントロールに取り組む。

　人件費なら労働分配率からあるべき人時数を計算することができる。1週、1日、時間帯ごとの売上高予想を立て、そこから粗利益高を算出する。労働

図表7－❶現場の総作業量削減の実行原則

(1)店での実態調査で作業量の多い作業種類を発見し、その作業から重点的に人時数を削減する方針
(2)店舗での作業の合理化(本部側の任務)
　　①種類数をなくす→店でしかできない作業のみ
　　②数をへらす→回数・距離・死に筋・単品数
　　③まとめる→小間切れ(2～5分間)作業を廃止、15分間以上にまとめる
(3)やる以上は完全作業(店側の任務)、ただし楽に作業ができること
　　①作業能力水準ごとに作業マニュアルを作り直し(作業単位と組合せ方を再検討)
　　②作業マニュアル(作業種類)ごとの難易度別時給額を決定
　　③パートタイマーの単能化
　　④作業包括委任制の廃止

分配率の店舗段階でのあるべき数値は34％だから、それを超えない範囲に人件費を抑えなければならない。こうすると、これまで支払われていた従業者の労働コストが、計数管理のあるべき数値と比較して、範囲内なのか、逸脱しているのかが分かる。これこそがコスト・コントロールだ。

その結果、限界の38％を超えていれば、超過分の作業種類や人時数を減らす対策に移るというわけだ。実行原則は図表7－①のとおりである。

こうして地道にコスト・コントロールに取り組み、成功事例を増やし、収益モデルを社内で広めて、「売れなくても儲かる店づくりへの転換」の自信をつけていくことが大切である。

ただし、ここまでは既存のフォーマット（品揃えと面積）を前提にした収益性向上対策で、今後従来のフォーマットのまま営業を続行するのか、新フォーマットを構築するのかを決める必要がある。

どんなフォーマットも永久に繁栄することはありえない。衰退フォーマットのまま営業を続ければ、売上高も粗利益高も自然減となるので、そもそもコスト・コントロールが不可能になるからだ。

プロトタイプを確立し、一挙に多店化する

　収益モデルづくりを進めるためには、モデル店となる店舗を選定しなければならない。ここで決め方を誤ると、その先になかなか進めないで挫折してしまう。

　多くの経営者はモデル店を構築する際に、数十、数百あるわが社の店舗の中から最も（売場）販売効率の高い店舗を選ぶものだ。自慢できる店舗で収益モデルを確立して、それを企業全体に広めようと考えるのだろう。

　しかしそれが間違いの素なのだ。その店舗の（売場）販売効率が高いのは、たまたま競争相手が近隣に出店しなかったか、人口密度が異常に高い地域に、なぜかそれほど地価の高くない物件を確保できたというように、偶然に好条件が揃ったというケースが多いのであって、そこで構築したモデルを全店舗に当てはめることはできない。

　したがって、モデル構築の基として選ばれるべき店舗は、面積と販売効率が、企業内で平均的な数値を示している店でなければならないのである。また、新店ではなく、既存店でなければならない。変更事項の新旧データを比較するためだ。

　収益モデルの良し悪しは、そのモデルに基づいて、経営者が多店化のスピードアップができたかどうかで判断できる。反対に多店化が進まなかった場合は、モデルとして選んだ店舗がふさわしくなかったか、その収益モデルが不適切だったということになる。

　モデルを決めたら、その店舗で立地、業態、商品構成、設備、レイアウト、業務・作業と物流システムなどの変更に取り組み、新フォーマットのための実験をする。そのうえで最も経営効率上効果の上がった対策を、なるべく別のエリアにある店でも実験してみる。

　こうして最適な原型を突き詰め、それをプロトタイプとして既存店を標準化、一挙に多店化するのだ。

　どんな企業も営業対策はしてきただろうが、これまで収益力のある店舗の多店化に成功しなかったのはプロトタイプづくりをしていないからだ。

　これまでは、

　①新店で実験をするためその成否が分からないまま数店作ってみる。

　②同業他社が変更して話題になると、成否は不明のまま横並びでそのまま取り入れる。

③以上で、結局成功の理由が分からないから、新店を作る都度立地条件、商圏人口、面積や店舗の形、レイアウト、後方施設を変えてしまう。

　④そのために商品構成、物流システム、店舗運営が個店対応になり、効率が悪いのだ。

　⑤その結果店ごとに業績がまちまちになってしまうが、その責任はたまたま不味い店舗に配属された店長に押し付けられて、原因を作った本部側は責任を負わない。

　というようなことの繰り返しだった。

　しかしチェーンストア経営が目指すのは、収益モデル＝最高の効果が得られ、しかも継続して多店化できる型を追求し、その型で標準化し、経営効率を安定化させることだ。

　店づくりの条件が１店ごとに異なると、最適の条件は突き詰められない。

　だからプロトタイプとなる店を創造しなければならないのである。

　アメリカのチェーンストアはこのプロトタイプを10年サイクルで作り直している。なぜならおおよそ10年サイクルで情勢が変化するからだ。

　プロトタイプが確立できたら、新店はすべてプロトタイプと同一にする。また、既存店は徐々にプロトタイプに合わせて改造するか、条件に合わなければ移転する。

　これによって、経営効率も標準化でき、会社全体の効率数値の向上と安定につながるのである。

計数管理の手順を守れ

「計数管理を身に付け、収益性を向上させる」と言っても、スローガンだけが勇ましく、問題の解決は何年たってもいっこうに進まない企業が多い。

　そもそも、この本のテーマである「計数管理」という言葉ひとつとっても、もっともらしく使われてはいるようだが、それでは具体的にどういう意味かをどれだけの幹部が言えるだろうか。流通業で計数管理を担っている部署の責任者は管理部長とか経営企画室長と言われているが、彼らの仕事は数表を作成することであったり、その数表を使って幹部の会議などで会社の現状と称する数字を説明したりすることで終わっている。その数表を基に何を行なえば、わが社の収益力の改善につながるのかという段階にまで、仕事の領域が広がっていないことが多い。

　本来、「計数管理」とは、経営効率を改善する目標を設定し、その目標を達成するために業務や作業を変革していく努力を言う。会社の数字を統計としてまとめて説明することではないのだ。

　業績が良くない企業の幹部は、今後13週、さらに1年間、どこまで改善や改革を行わねばばならないかを判断しなければならない。その指標が、この本で紹介した計数管理の知識なのである。

　最後に計数管理の総括を行なう。企業内で計数管理をいかに収益改善のために活かすかという具体的行動の指針として、図表7－②の計数管理の再出発点から始まり、図表7－⑤経営効率数値をあるべき方向に増減させる職位例までを提起する。

　図表7－②の（ア）は、何度も言い続けている部門損益の明確化、つまり赤字部門を発見する手法だ。（イ）は資産活用状況の把握である。店舗ごとの数値から、わが社の最大値と最小値を拾う。この（イ）をすることで、「ウチの会社であの店は売れている」というような漠然とした社内の思い込みを払拭することができる。（ウ）は作業コストの実態の把握、まずは正確な作業人時数の計測から始めることだ。（エ）は商品についての再点検項目、つまり第4章で説明した商品回転率で死に筋商品を削減し、同時にマス化するSKUの漸増を図るのだ。

　以上の4つに分けて、実態を数値で明確にし、いちばん酷い例から改善に着手することが重要であり、その段取りを決めるべきなのである。

　図表7－③は計数管理の手順だ。Aの「数表フォームの作成」は勘定科

図表7-❷計数管理の再出発点〈損益発生の因果関係を発見することが先決〉

(ア)部門損益の明確化➡とにかく赤字部門の発見

A 本部とセンターへの経費と償却差引後で、

B 事業形態種類別に、➡業種別／フォーマット別／(全店合計分の)大部門別／ゾーン・エリア別／店別／フロア別／立地種類別／面積規模別

C まず年単位、ついで13週単位、最後に週単位で、(×月単位←計算公式の修正が必要)

D 分配率管理公式(利潤分配率、労働分配率、不動産分配率、販促分配率)を適用して優劣の因果関係を比較

(イ)資産活用状況の把握

対象		年回転率(回)	投資額			年リース料		
			1坪当たり(万円)					
			平均	最大	最小	平均	最大	最小
固定資産	A 店舗							
	B 本部							
	C センター							
	D 本体ビジネス以外							
流動資産	A 売場							
	B 店後方							
	C センター							
	D ベンダー預け(引き取り前と引き取り後を区別)							
	E 遊休資産							

註1：固定資産＝土地＋建物＋設備の購入費＋保証金＋敷金／註2：流動資産＝商品・食材＋リース(レンタル)設備

(ウ)作業コストの実態の把握

A 直接人件費 … ①売場 ②店後方 ③供給と集荷物流 ④センター内

B アウトサイダーへの委託費 … ①掃除 ②警備・保安 ③駐車場管理 ④洗濯 ⑤梱包片付け ⑥運搬 ⑦預け

(エ)商品

A 死に筋(SKU総数)の削減とマス化SKUの漸増

B 欠品率品種別原因の解明

C 商品(入手原価以外の)コストの実態把握…①個装 ②運搬(納品)単位での梱包方法(段ボールとパレットの仕様) ③POP広告 ④広告(制作費＋配布手数料＋媒体費) ⑤ポイント・景品・割引 ⑥作業コスト(センターと店を区別)

目や集計の期間、時期などが、問題解決担当者と経理担当者との間で違いがあって、正確な数字が分かりにくい場合があるので注意が必要だ。

B以下は管理職として当然の常識だと思ってほしい。

C、Dが的確に、なおかつ厳正に行なわれないと、社内の個人攻撃を避けようという心理から、せっかくの計数管理への道筋が歪んでしまう。

A、Bだけでなく、それぞれ責任を負う長からC、Dの命令が出され

図表7-❸計数管理の手順

A 問題解決担当者にとって活用しやすい数表フォームの作成(勘定科目と期間と時期)

B Aにもとづく数表、部門別管理(損益)表、資産活用状況表などからの観察・分析・判断
　①担当幹部とプロジェクトチームによるレポート作成
　②同討論会

C その改善・改革手順を準備する担当責任者の発令

D 前述したすべての直接(推進)担当者の発令

E 問題点の発見
　①わが社の最大、最小、平均との比較
　②業界の平均値、ベスト値との比較
　③前期との比較
　④時系列変化
　⑤最もまずいのはどの分野か(地域、商品部門、時期)
　【そのあとで"数値責任制"】

図表7-❹観察・分析・判断レポートづくりのコツ

(1) 「観察」と「分析」と「判断」の内容を論理としてつなげるために思考手順の①観察、②分析、③判断、④実験、⑤監査の5段階に区別➡書式フォームを使うこと

(2) 「観察」の対象は少数に絞りこむ

(3) 数字的(科学的)根拠を示す

(4) 「観察」で拾う問題点は何が(誰が)問題なのか、それはどのように悪いまたは良いことなのか、を説明する。抽象論・建前・印象話ではない

(5) 「分析」はその問題が発生してしまう原因・事情を推定。その後調査することで事実の確定にまで到達。これが綿密でないと真の原因として説得力がない(そのため「なぜ」を3回以上繰り返す)

(6) 観察1種類につき、「推定分析」は5〜8種、それを「事実確定」すれば項目数が減り、「判断」は、1〜3種となるはず

(7) 「判断」は自身がとるべき対策案をただちにできる応急策と、制度として取り組む根本対策とに区別して提案。自身の実行が可能な具体的提案であることが必要で、「いつか誰かがやるべきだ」という傍観者的提案では無意味

(8) 「具体的」とは(イ)誰が、(ロ)いつまでに、(ハ)どうするのかの3項目を、実行できる行動上の表現(決意の表明では、制度までまとめあげることはできない)

(9) わが社がどうあるべきかを明確にすべき(短絡的思いつきの判断が多く、チェーンストアとして全く反対の、あってはならない対策になりやすい。その原因は①売上高至上主義による収益・コスト無視、②基本的知識の欠如)

(10) 「判断」のゴールは数字が変化すること(それにはコミットメント=①期限と②数値目標(目安)と③具体的方法とを明記する)

図表7-❺経営効率数値をあるべき方向に増減させる職位例

効率項目	責任を負う人 (そのための決定をすべき人)	摘発が義務の人 (キマリと命令の完全実行が職務)
1 経常利益高	トレジュアラー(財務担当スタッフ)	経営企画担当スタッフ
2 営業利益高	ストアマネジャー、エリアマネジャー(スーパーインテンデント)	営業企画ラインスタッフ
3 人時生産性		業務システムラインスタッフ
4 坪当たり粗利益高	バイヤー	ストアマネジャー、 エリアマネジャーまたはスーパーインテンデント
5 欠品(品切れ)	バイヤー、社内ディストリビューター、センター長	
6 死に筋		
7 在庫高 ①売場1坪当たり ②バイヤー1人当たり		在庫コントローラーまたはトレジュアラー
8 貢献差益高または 品目別販売数量	マーチャンダイザー	営業企画ラインスタッフ
全体の統括がコントローラー(計数管理担当スタッフ)		

る必要がある。Eは各担当者が問題点を観察する際の切り口である。

　図表7-③のB「観察・分析・判断レポート」作成の要点を示したのが、図表7-④である。

　図表7-⑤は私どもの長年にわたるチェーンストア組織研究で結論づけられた、経営効率数値をあるべき方向に増減させる職位の例である。各効率項目について数値責任を負う人と、その人の決定が不適切であったことを指摘して、完全実行を求める立場にある職位をあげた。当然のことながら双方の人たちは図表7-⑤の左側にある効率項目の数値をつねに正確に把握していなければならない。

計数管理を正しく遂行するためには、目的ごとに使える数表を即座に作成できる仕組みが必要だ。しかし、現状では現場マネジメントに必要な数表を作成することは十分にできていない。数表を活用するためには、高い作業技術を駆使し、相当の時間もかけ、目的に合った表に作り変えなければならないのだ。

　本来は数値責任を負う職位の人はいつでも目的の数表を、パソコンから楽に取り出すことができるようでなければならない。

　こうした事態は、本来の数値責任制が確立しておらず、"誰もが売上高を高める"ことで評価されるので、コストをかけて数表作成のための仕組みを作る必要性が欠如していることに起因するのかもしれない。

　日本の小売業は寡占化の方向に向かって進んでいる。2019年末の私どもの調査では、50億円以上の小売業（ビッグストア）の小売業全体に占める割合は直営店の売上のみで56％弱、FCを含めれば7割に近いだろう。この動きは今後も加速される。

　その結果、何が起こるか。それでなくてもオーバーストアの時代である。たとえば、私どもの「ビッグストア統計」では、SM各社が設定している商圏人口の3万5,000人に対して、日本型スーパーストア（日ス）と生協の店数を含めた食品スーパー人口は実質1店当たり7,500人しかない。しかもこれはコンビニエンスストアを除いた数字であり、eコマース（電子商取引）も除外した前提だ。

　このことが示す結論はひとつしかない。ビッグストア同士の潰し合い、すなわちサバイバル戦争である。生き残る条件は、いち早く赤字体質から脱却し、収益モデルを作り上げ、それをモデルに標準化することだ。

　そのための武器が、この本で紹介した計数管理にほかならないのである。

スーパーインテンデント：1店週500人時未満の少人数運営店舗の場合に、ストアマネジャーに代わって1人で数店分をマネジメントするオペレーションラインマネジャー。

ラインスタッフ：調査や分析、制度の徹底などを主任務とする職能グループのこと。スペシャリストの人数が増え、この職能にさまざまな職位が設置されるとあらゆる分野の改革が進む。

主要経営効率計算公式

計算公式中の「平均」とは、〔前期末繰越額(数)＋今期期末繰越額(数)〕÷2

A. 小売業用

番号	効 率 項 目	単位	計 算 公 式
1	総 資 本 経 常 利 益 率	％	年経常利益÷資産合計(＝負債純資産合計)×100
2	総 資 本 回 転 率	回	年営業収益÷資産合計 営業収益＝売上高÷営業収入 営業収入＝リース料収入、物流収入など
3	営 業 収 益 経 常 利 益 率	％	年経常利益÷年営業収益×100
4	営 業 収 益 営 業 利 益 率	％	年営業利益÷年営業収益×100
5	1 株 あ た り 純 利 益 高	円	当期(年)純利益÷(発行済株式総数−自己株式数)
6	支 払 金 利 率 〈上場企業の場合は 自己資本当期純利益率〉	％	年間(支払利息＋社債利息)÷年間平均借入金×100 借入金＝短期借入金＋長期借入金＋社債 当期純利益÷純資産合計(自己資本)×100
7	自 己 資 本 構 成 比 率	％	純資産合計÷資産合計×100
8	インタレスト・カバレッジ	倍	年間(営業利益＋受取利息＋受取配当金)÷(支払利息＋社債利息)
9	売 上 高 増 加 率	％	当期売上高÷前期売上高×100−100
10	経 常 利 益 高 増 加 率	％	当期経常利益÷前期経常利益×100−100
11	売 上 総 利 益 率 〔 粗 利 益 率 〕	％	年売上総利益(年粗利益高)÷年売上高×100
12	売 場 販 売 効 率 〔 坪 あ た り 売 上 高 〕	万円	年純小売売上高÷年間平均総売場面積(坪) 〔小売業以外は、卸売上を除く純売上高÷平均店舗面積(坪)〕
13	商 品 回 転 率 〔 棚 卸 資 産 回 転 率 〕	回	年売上原価÷年間平均原価棚卸額 原価棚卸額＝商品＋材料＋仕掛品
14	販 売 資 産 回 転 率	回	年売上原価÷年間平均販売資産(受取勘定) 販売資産＝売掛金＋受取手形＋原価棚卸額
15	支 払 勘 定 回 転 率	回	年商品仕入高÷年間平均支払勘定 支払勘定＝支払手形＋買掛金＋電子記録債務
16	回 転 差 資 金	百万円	$\dfrac{年売上原価}{365} \times \left(\dfrac{365}{支払勘定回転率} - \dfrac{365}{販売資産回転率} \right)$
17	利 潤 分 配 率	％	年経常利益(店段階は営業利益)÷年売上総利益×100
18	労 働 分 配 率 〈上場企業の場合は 賃金分配率〉	％	年総人件費÷年売上総利益×100 総人件費＝従業者給料・手当、従業員賞与、同引当金繰入、役員報酬、 法定福利費・厚生費、求人費、退職金、同引当金繰入、教育訓練費 (従業者給料・手当＋従業員賞与＋役員報酬等(雑給など))÷ 年営業総利益×100
19	不 動 産 費 分 配 率	％	不動産に関わる資産{(保証金、権利金、敷金、土地、建物)×0.08＋年賃 借料、地代家賃＋建物償却費}÷年売上総利益×100
20	販 促 分 配 率	％	年販促費÷年売上総利益×100 販促費には広告宣伝費、販売手数料、最終包装用品費、配達費など を含む

番号	効 率 項 目	単位	計 算 公 式	
21	労 働 生 産 性	万円	年売上総利益÷年間平均従業者数 　パートタイマー数は 　労働時間をフルタイム時間数で換算し、 　月ごとの換算人数を1年分足して 　12で割ったもの	
22	従業者1人あたり面積	坪	年間平均総売場面積(坪)÷年間平均従業者数	小売業以外は総 店舗面積で割る
23	従業者1人あたり平均人件費	万円	年総人件費÷年間平均従業者数	
	〈上場企業の場合は従業者 1人あたり平均賃金〉		(従業者給料・手当+従業者賞与+役員報酬等(雑給など)) ÷年間平均従業者数	
24	坪 あ た り 営 業 利 益 高	万円	年営業利益÷年間平均総売場面積(坪)	小売業以外は総 店舗面積で割る
25	坪 あ た り 在 庫 高	万円	年間平均原価棚卸額÷年間平均総売場面積(坪)	
26	損益分岐点売上高比率	%	固定費÷{1－(変動費÷営業収益)}÷営業収益×100 　変動費=売上原価、販促費など、売上高の増減に比例して変化す 　る費用 　固定費=変動費以外の費用	

B. 小売業以外の業種は、以下の計算公式を使う

番号	効 率 項 目	単位	計 算 公 式
12'	店舗面積1坪あたり販売効率	万円	年純売上高(卸売上高を除く)÷年間平均総店舗面積(坪)
22'	従業者1人あたり店舗面積	坪	年間平均総店舗面積(坪)÷年間平均従業員者数
24'	坪 あ た り 営 業 利 益 高	万円	年営業利益÷年間平均総店舗面積(坪)
25'	坪 あ た り 在 庫 高	万円	年間平均原価棚卸額÷年間平均総店舗面積(坪)

C. 製造原価方式をとる企業の場合、以下の計算公式を使う

番号	効 率 項 目	単位	計 算 公 式
15'	支 払 勘 定 回 転 率	回	(年商品仕入高+年製品製造原価)÷年平均支払勘定 　支払勘定=支払手形+買掛金+電子記録債務
18'	労 働 分 配 率	%	年総人件費÷年粗加工高×100 　人件費+製造原価明細書上の労務費 　粗加工高=営業総利益+(製造原価－材料費)
	〈上場企業の場合は 賃金分配率〉		{従業者給料・手当+従業者賞与 　+役員報酬等(雑給など) 　+製造原価明細書上の労務費}÷年荒加工高×100
21'	労 働 生 産 性	万円	年粗加工高÷年間平均従業者数

主要経営効率数値（年単位）のあるべき値

◎印　現時点で最も大事な効率数値　　○印　分析の際、大事な効率数値
※印　長期作戦上大切な効率数値　　　◇印　最重視してはいけない効率数値

〈2019年現在〉

◎	1	総 資 本 経 常 利 益 率	株式公開企業15%、未上場18〜22%〔必ず10%を超えること〕	効率2×効率3＝効率1だから、上記の1があるべき数値になるようにそれぞれの数値を上げること
○	2	総 資 本 回 転 率	小売業2.5回、FS業1.5回突破を目標にすること	
	3	営 業 収 益 経 常 利 益 率	営業利益率を上回ること	
◎	4	営 業 収 益 営 業 利 益 率	粗利益率の20%、下欄の「利潤分配率」に準ずる	
	5	自 己 資 本 当 期 純 利 益 率	10%以上	
※	6	自 己 資 本 構 成 比 率	30%以上、なるべく40%以上	
※	7	インタレスト・カバレッジ	2倍未満は資金ぐり火の車、5〜10倍はギリギリ、80倍以上は未来投資遅延の疑い	
◇	8	売 上 高 増 加 率	既存店は消費者物価指数を上回ること、全体では10%以上、	非ビッグストアは30%以上
	9	経 常 利 益 高 増 加 率	効率9を上回ること	
◇	10	売 上 総 利 益 率（ 粗 利 益 率 ）	株式公開企業のフォーマット別平均値近くで一定に保つ	
◇	11	販 売 効 率（ 坪 当 た り 売 上 高 ）		
◇	12	商 品 回 転 率（ 棚 卸 資 産 回 転 率 ）		
	13	販 売 資 産 回 転 率	販売資産回転率>支払勘定回転率×2（なるべく×3）	
	14	支 払 勘 定 回 転 率		
※	15	回 転 差 資 金	なるべくプラスになること	
◎	16	利 潤 分 配 率	20%以上（15%を下回らないこと）	
◎	17	労 働 分 配 率	38%、店段階では34%	賃金分配率なら32%
○	18	不 動 産（ 設 備 ）費 分 配 率	18%、限界30%	
○	19	販 促 分 配 率	6%、限界12%	
◎	20	労 働 生 産 性	1,000万円以上（最低でも800万円）	
◎	21	従 業 者 1 人 当 た り 面 積	小売業売場食品20坪以上、非食品60坪以上、FS業店舗10坪以上	
※	22	同 1 人 当 た り 平 均 人 件 費	360万円以上、なるべく420万円以上、賃金なら300万円以上	
◎	23	坪 当 た り 営 業 利 益 高	目標15万円以上（10万円を下回らないこと）	
○	24	坪 当 た り 在 庫 高	株式公開企業のフォーマット別平均値を下回ること	
※	25	損 益 分 岐 点 売 上 高 比 率	70%台のこと（まず80%へ）	
※	26	社 員 平 均 年 齢	男34〜38歳、女30〜34歳であるべき	

分配率の原則
(分母を売上総利益高〈粗利益高〉にした割合)

単位：%

番号	効 率 項 目	あるべき形	許容範囲	限　界
16	利 潤 分 配 率 （営業部門では営業利益）	20	15〜25	9以下
17	労 働 分 配 率 （賃金分配率ではない）	38	35〜40	42以上 33以下
18	設 備 分 配 率 （不動産費分配率）	18	15〜26	30以上 13以下
19	販 促 分 配 率	6	5〜10	12以上 3以下
	（上記以外の経費） 管 理 分 配 率	18	15〜24	26以上 13以下
	（合計）売上総利益高 （粗利益高）	100		

		あるべき形	許容範囲	限　界
	このうち本部経費分	10	6〜20	25以上 5以下

◇直間比率は3年ごとに比重を変化させること

店舗現場向けに換算した経費分	労 働 分 配 率	34	32〜36	38以上 31以下
	設 備 分 配 率	16	14〜24	25以上 13以下

註1. 労働分配率の分子は、総人件費＝役員報酬＋従業者給料・手当＋従業者賞与、同引当金繰入＋法定福利・厚生費 ＋教育訓練費＋求人費＋退職金、同引当金繰入である
   しかし、上場企業の「有価証券報告書」からは、賃金分配率しか計算できないので、それを1.2倍して推定労 働分配率に換算してから比較すること
2. 販促分配率の分子は、広告宣伝費、POP広告費、包装紙と包装袋代、屋外看板、ポイント、下取り・リベー ト費、原価割れ分などの合計
3. 不動産分配率のペガサス式計算公式は不動産に係る
   {（保証金・権利金・敷金および土地・建物）×0.08＋年貸借料・共益費＋建物償却費}÷年売上総利益高×100で、 金利負担分（〜〜部分）を経費に含めるので、分配率の合計は100％を超過する

あ

アーバン ································· 37, 39
赤字克服 ··························· 142, 144
赤字店 ································· 143
赤字部門 ··························· 29, 144
American Eagle Outfitters ··········· 102
粗利益高(売上総利益高) ············· 40, 52
粗利益率 ························ 40, 44, 86
Albertson's ························· 101
eコマース ·························· 151
一般管理費 ··························· 46, 55
インタレスト・カバレッジ・レシオ ···· 114, 126
Walgreen ···························· 44
Walmart ···················· 41, 44, 100
売上高 ······················ 14, 20, 52
売場販売効率 ························· 98
売れ筋 ······························ 30
営業収益 ····························· 27
営業収益営業利益率 ··················· 20
営業収益経常利益率 ················ 24, 31
営業収入 ····························· 27
営業費 ······························ 46
営業利益高 ························ 46, 52
営業利益率 ························ 40, 60
エキナカ ····························· 35
エキビル ····························· 35
エクサーブ ··························· 39
エブリデイ・ロー・プライス(EDLP) ····· 80
エリアマネジャー ····················· 65
オーバーストア ··············· 23, 28, 99
オフプライス・ブランデッドストア(OPS) ··· 45

か

回転差資金 ··················· 116, 118
階層 ······························· 137
価格ライン ·························· 108
科学的管理法 ······················· 139
寡占化 ····························· 103
過重労働 ··························· 133
画一化 ······················ 45, 150
観察 ···················· 4, 45, 150
勘定科目 ····························· 14
管理監督者 ························· 134
管理職手当 ························· 134
管理分配率 ·························· 55
客層 ······························· 102
キャッシュ・フロー計算書 ············· 117
Gap ······························· 102
業種 ······························· 26
業態 ······························· 26
業務・作業システム ·············· 45, 86
クレジット売上 ····················· 121
Kroger ·························· 41, 44
経営計画 ··························· 110
経営指標 ··························· 17
経済民主主義 ······················· 15
経常利益率 ······················ 31, 73
経費 ······················ 30, 46, 52
経費分配率 ·························· 54

経費率 ····························· 44
経理 ······························· 14
計数管理 ··············· 4, 17, 21, 148
決算公告 ··························· 64
決算書 ··························· 4, 14
決算短信 ··························· 64
欠品 ······················ 86, 102, 108
Kohl's ····························· 40
コールドチェーン ··················· 100
広告宣伝費 ·························· 75
効率数値 ··························· 16
コスト・コントロール ·········· 48, 60, 144
個店経営 ··························· 41
個店対応 ······················ 86, 143
固定費 ························ 25, 111
コミッサリー ······················· 39
コレクション特売 ··················· 80
コンシューマーエレクトロニクス(CE)SS ··· 30
コンビネーションストア(CbS) ········· 101
コンプライアンス ··················· 131

さ

サービス(職能) ····················· 28
サービス残業 ······················· 82
財務諸表 ····························· 4
作業 ······························· 45
作業量削減 ························· 145
サバーバン地域 ····················· 37
サバブ ···························· 37, 39
シーゾナル売場 ····················· 80
CVS Health ························· 44
J.C.Penney ························· 41
敷金 ······························· 35
資金繰り ························ 18, 114
資金繰り表 ···················· 18, 117
資本の収益性 ······················· 20
自己資本 ··························· 31
自己資本構成比率 ··················· 115
自己資本当期純利益率(ROE) ······ 20, 31
実験 ······························· 5
死に筋 ······················ 87, 102, 106
支払いサイト ······················· 122
支払勘定回転率 ····················· 118
社員平均年齢 ······················· 136
収益モデル ··················· 142, 146
収益性 ····························· 17
従業者数 ······················ 17, 82
主要経営効率 ··············· 18, 152, 154
純資産 ························ 31, 115
ショートタイム・ショッピング ········· 92
商圏 ······························· 51
商圏人口 ··························· 51
商品回転日数 ······················· 106
商品回転率(棚卸資産回転率) ··· 30, 93, 98, 121
商品開発 ··················· 87, 100, 122
商品構成(メニュー構成) ·········· 26, 86
商品在庫高 ························· 104
商品ライン ·························· 92
商略 ······························· 127

賞味期限 ···································· 100
職能 ··· 28
ショッピング ································· 79
ショッピングセンター（SC）··············· 72
人事構成 ··································· 138
スーパー・スーパーマーケット（SSM）····· 45
スーパー・ドラッグストア（SDgS）········· 45
スーパーインテンデント ·················· 151
スーパーストア ····························· 72
スーパーセンター（SuC）················· 44, 92
スーパーマーケット（SM）··················· 25
数値責任 ······························· 137, 150
スタッフ ··································· 28
ステークホルダー ··························· 21
ステープル商品 ····························· 80
ストア・コンパリゾン ······················· 45
ストアマネジャー ··························· 65
Sprouts ··································· 101
スペシャリスト ····························· 137
スペシャルティストア（SS）··············· 30, 42
設備コスト ··································· 68
ゼネラルマーチャンダイズストア（GMS）··· 42
セルフサービス ····························· 26
セントラルキッチン ························· 39
総合〈フォーマット〉······················· 48
総資本経常利益率（ROA）··········· 20, 24, 73
総資本回転率 ······················ 24, 27, 73
増資 ······································· 115
組織開発 ··································· 140
損益計算書 ··································· 14
損益分岐点 ······························ 25, 110
損益分岐点売上高比率 ··················· 25, 110

た

Target ································ 30, 37, 44
貸借対照表 ··································· 14
ダウンタウン ······························· 39
多店化 ································· 33, 142
単品（SKU）····························· 87, 106
チェーンストア ····························· 15, 41
地価 ······································· 37
蓄積利益 ··································· 115
調査 ··· 5
賃金 ···································· 84, 130
賃金原資 ··································· 84
賃金構造基本統計調査 ····················· 133
TPOS ································ 26, 90, 102
定期・定量補充 ····························· 101
ディスカウントストア（DS）················· 30
ディスカウントハウス ······················· 30
ディストリビューションセンター（DC）······· 39
ディベロッパー ····························· 72
適正規模 ··································· 92
投下資本利益率（ROI）····················· 34
倒産 ······································· 114
投資回転率 ······························ 33, 73
投資額 ······································· 33
特売 ··· 80
トップマネジメント ························· 137
トレードオフ ····························· 80, 109
トレジュアラー ····························· 150

な

日本型スーパーストア ······················· 26

日本型ホームセンター（HC）··············· 102
人時（マンアワー）··························· 89
人時数 ······························· 145
人時生産性 ································· 88
ノー・フリンジ・ストア ······················· 45

は

パートタイマー ····························· 17, 88
Barnes & Noble ··························· 41
ハイ＆ロー ··································· 80
バイヤー ································· 52, 87
Publix ······························ 41, 44, 100
バブル経済 ··································· 99
払込資本金 ································· 115
バラエティストア（VS）····················· 45
バリュー（お値打ち）························· 80
判断 ································· 5, 45, 150
販促分配率 ··································· 75
販売促進（販促）··························· 127
販売効率 ······························ 35, 37, 93
販売資産回転率 ····························· 118
販売促進費 ··································· 75
販売費 ······································· 46
ビッグストア ···························· 5, 18, 151
1坪当たり営業利益高 ······················· 47
1坪当たり在庫高 ····························· 104
1人当たり面積 ····························· 86
100円ショップ ····························· 102
標準化 ································· 41, 93, 147
品目 ······································· 106
品目別値入れ ······························· 86
フードサービス ····························· 24
フォーマット ···················· 26, 41, 142, 145
不振 ······································· 143
不振店 ······································· 36
不振店対策 ··································· 142
不動産費分配率 ························· 68, 73
部門損益 ··································· 148
部門別管理 ································· 144
プライベートブランド（PB）··············· 80, 142
フランチャイズ・チェーン（FC）··············· 60
フルタイマー ······························· 17, 88
プレゼンテーション（演出）··················· 80
プロセスセンター（PC）····················· 39
プロトタイプ ···························· 142, 146
分析 ································· 5, 45, 150
分配率管理 ······························ 54, 84
Best Buy ··································· 102
ベンダー ······························ 18, 63, 122
変動費 ································· 25, 111
ホームセンター（HC）······················· 26
Home Depot ··························· 41, 102
ホームファッションストア（HFaS）··········· 45
ホームファニシングストア（HFuS）··········· 92
Whole Foods ······························· 100
保証金 ······································· 35
簿記 ······································· 14
ホット商品 ··································· 30
POP広告 ··································· 76
ポピュラープライス ························· 30

ま

マイケル・カレン ··························· 144
マス化 ································ 80, 103, 148

資料 157

マネジメント ·········· 4, 16
Macy's ·········· 40
メガHC ·········· 30, 102
メンバーシップホールセールクラブ（MWC）·········· 45
モデレートプライス ·········· 72

や

有価証券報告書 ·········· 64
有利子負債 ·········· 128
ユニット・コントロール ·········· 108
要員計画 ·········· 137
用途 ·········· 26

ら

ラインスタッフ ·········· 151
ラインロビング ·········· 109
リージョナルSC ·········· 72

リース料 ·········· 35
利潤分配率 ·········· 24, 41, 54
立地 ·········· 36
リミテッドアソートメントストア ·········· 92
Ready to Eat ·········· 100
ローコストオペレーション ·········· 51
Lowe's ·········· 41
労働コスト ·········· 62
労働基準法 ·········· 131
労働時間 ·········· 17, 82
労働生産性 ·········· 82, 86, 130
労働分配率 ·········· 62

わ

ワーカー ·········· 137
ワークデザイン ·········· 56
ワンウェイ・コントロール ·········· 92

【資料❺】
略語表

CbS	Combination Store	PB	Private Brand
CESS	Consumer Electronics SS	PC	Process Center
DC	Distribution Center	Re.	Restaurant
DgS	Drug Store	ROA	Return on Assets
DS	Discount Store	ROE	Return on Equity
FC	Franchise Chain	ROI	Return on Investment
FFS	Fast Food Service	RSC	Regional Shopping Center
FS	Food Service	SB	Store Brand
GMS	General Merchandise Store	SC	Shopping Center
HC	Home Center	SDgS	Super Drug Store
HD	Holding	SKU	Stock Keeping Unit
HFaS	Home Fashion Store	SM	Supermarket
HFuS	Home Furnishing Store	SS	Specialty Store
MWC	Membership Wholesale Club	SSM	Super Supermarket
NB	National Brand	SuC	Supercenter
NSC	Neighborhood Shopping Center	TPOS	Time, Place, Occasion, (Life)Style
OPS	Off-Price Branded Store	VS	Variety Store

［著者］
㈱日本リテイリングセンター

チェーンストア経営の調査研究、コンサルティング、組織づくり支援を目的とする専門組織として渥美俊一（2010年没）が設立。大手小売業、外食業など多店舗経営企業と関連産業が加盟する共同研究団体「ペガサスクラブ」を運営。加盟企業の経営相談、技術指導のほか経営幹部、中核人材向けにチェーン経営の課題別体系的知識を教えるペガサスセミナー（年間のべ受講者数約5,000人）を開催。
〒107-0062東京都港区南青山1-15-3ペガサスビル　Tel.03-3475-0621
http://www.pegasusclub.co.jp/

//主な関連書籍//
渥美俊一著『チェーンストア組織の基本』、『流通革命の真実』、（以上ダイヤモンド社）、『21世紀のチェーンストア』、『チェーンストア経営の原則と展望』、『チェーンストア能力開発の原則』、『仕入れと調達』、『チェーンストアのマネジメント』（以上実務教育出版）、『精神と技術』（商業界）、『フードサービス業チェーン化入門』（柴田書店）、渥美俊一・桜井多恵子共著『チェーンストアの商品開発』（ダイヤモンド社）、桜井多恵子著『チェーンストアの教科書』（ダイヤモンド社）、『新しい売場構成』（実務教育出版）、渥美六雄著『チェーンストア災害対策の原則』（ダイヤモンド社）

新・流通業のための数字に強くなる本
チェーンストアの計数管理

2020年6月3日　　第1刷発行
2023年11月13日　　第4刷発行

著　　者——㈱日本リテイリングセンター
発　　売——ダイヤモンド社
　　　　　　〒150-8409　東京都渋谷区神宮前6-12-17
　　　　　　http://www.diamond.co.jp/
　　　　　　販売　TEL03・5778・7240
発行所——ダイヤモンド・リテイルメディア
　　　　　　〒101-0051　東京都千代田区神田神保町1-6-1 タキイ東京ビル
　　　　　　http://www.diamond-rm.net/
　　　　　　編集　TEL03・5259・5940
装丁————青木 汀（ダイヤモンド・グラフィック社）
本文デザイン—中井辰也
印刷・製本——ダイヤモンド・グラフィック社

チェーンストアの教科書

規模拡大、組織、数値、店づくり、商品構成まで

桜井多恵子［著］

チェーンストア経営の目的は、消費者が毎日を楽しく、便利に暮らせる、「経済民主主義」を実現することである。小規模のままでは暮らしは変えられない。革新は「現状否定」からしか始まらないのである。小売業と多店化をめざすすべてのフォーマットに従事する人の必読本。

定価（本体2200円＋税）

チェーンストア 組織の基本

成長軌道を切り開く「上手な分業」の仕方

渥美俊一［著］

10人が集団をつくっても、6〜7人分の能力しか発揮できない。どうすれば15人分の能力を出せるのか。それが"分業"の原理原則である。日本で初めて、多店舗経営における組織分業のあり方を徹底解説！

●定価（本体2000円＋税）

---

http://www.diamond.co.jp/